AI 赋能短视频
爆款内容打造秘籍

绘蓝书源 著

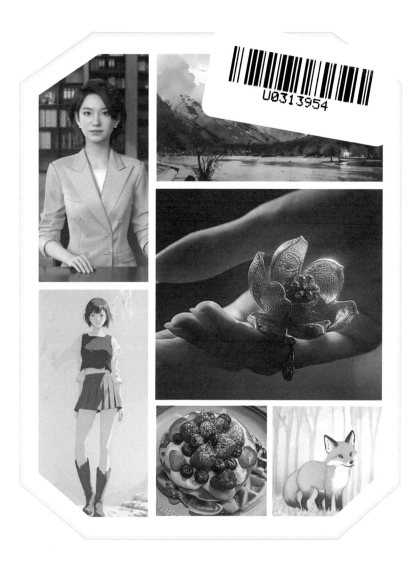

 化学工业出版社

·北京·

内容简介

　　《AI赋能短视频：爆款内容打造秘籍》是一本全面介绍人工智能短视频制作与变现的实用指南。本书旨在为内容创作者、AI短视频感兴趣的读者提供一个系统的学习路径，从软件介绍到基础理论，再到实际案例应用，涵盖了AI短视频的各个方面。

　　全书分为2篇，通过理论+实例的形式分别介绍了AI短视频制作工具、理论技巧、如何变现和相关案例的应用。

　　《AI赋能短视频：爆款内容打造秘籍》不仅提供了详细的操作步骤和实战案例，还涵盖了如何打磨短视频内容进行有效的市场变现，提升视频的点赞率和完播率。通过阅读本书，帮助读者在AI短视频的浪潮中找到自己的创作方向，提升内容创作能力，并在各自的领域中实现创新和突破。

图书在版编目（CIP）数据

AI赋能短视频 ： 爆款内容打造秘籍 / 绘蓝书源著.
北京 ： 化学工业出版社，2024. 10. -- ISBN 978-7-122-36569-9

Ⅰ. F713.365.2

中国国家版本馆CIP数据核字第2024MB8708号

责任编辑：刘晓婷　　　　　　　　　　　　　责任校对：王　静

出版发行：化学工业出版社（北京市东城区青年湖南街13号　邮政编码100011）
印　　装：北京宝隆世纪印刷有限公司
710mm×1000mm　1/16　印张12　字数300千字　2025年1月北京第1版第1次印刷

购书咨询：010-64518888　　　　　　　　　　售后服务：010-64518899
网　　址：http://www.cip.com.cn
凡购买本书，如有缺损质量问题，本社销售中心负责调换。

定　　价：88.00元　　　　　　　　　　　　　版权所有　违者必究

前　言

　　AI 短视频已经成为当今社交媒体平台上的热门内容，不仅改变了人们的观看习惯，也重塑了内容创作的方式。凭借强大的人工智能技术，创作者们能够在短时间内制作出令人惊叹的视觉效果和引人入胜的故事情节。近年来，各类 AI 视频制作工具如雨后春笋般涌现，其中一些备受瞩目的软件包括Midjourney、artflow 和有言等。通过简单的操作和后期加工，这些工具让每个人都可以成为短视频制作的专家。

　　为了帮助广大 AI 爱好者和创作者更好地理解和使用这些工具，我们编写了《AI 赋能短视频：爆款内容打造秘籍》。

　　在基础篇中，第1章将详细讲解常用的 AI 短视频制作工具，为读者提供多种创作选择。第 2 章将介绍各个常见的短视频平台，帮助创作者选择合适的发布平台。第 3 章至第 6 章将深入探讨高级创作技巧和市场营销策略，帮助读者在竞争激烈的短视频市场中脱颖而出。通过实际案例分析，读者将学习到如何提升视频的观看量和互动率，打造具有影响力的个人品牌。

　　案例篇从第 7 章开始，将通过具体案例展示如何利用

Midjourney 和腾讯智影等软件进行创作，从文案制作、视频剪辑到特效添加，每一步都有详细指导。这些内容将帮助读者掌握制作爆款 AI 短视频的核心技能。

本书有以下特色：

一、全面覆盖主流 AI 短视频制作工具

本书囊括了当前市场上主流的 AI 短视频制作软件，如 ChatGPT、腾讯智影和有言，通过深入解析这些工具的功能和使用技巧，帮助您快速上手并精通。

二、理论与实践并重

本书特别强调理论与实践的结合。前期详尽讲解理论知识，后期通过案例实战进一步巩固理论，并立即应用于实际创作中。

无论您是短视频制作的新手还是有经验的创作者，我们希望本书能成为您在 AI 短视频领域中的得力助手，助您创作出一系列爆款视频，提升个人和品牌的影响力。

尽管本书经过了作者和出版编辑的精心审读，但限于时间和篇幅，难免有疏漏之处，望各位读者体谅包涵，不吝赐教。

免责申明：本书所涉及的账号与案例仅供学习和参考，并不代表作者与出版方的观点，由此引发的纠纷与作者和出版方无关。

目 录

第 7 章 爆款短视频制作案例解析

第1章

迈入短视频 AI 时代

随着 AI 技术的飞速发展，短视频创作和传播迎来了前所未有的变革。AI 不仅简化了制作流程，还提升了内容的个性化和传播效率，开启了数字传媒的新纪元。

1.1 什么是短视频 AI 时代

短视频 AI 时代是指利用人工智能技术进行短视频创作、传播和消费的新时代。这不仅是视频创作和传播的一次革新，更是数字化传媒领域的一场革命，塑造了新的娱乐方式、商业模式和社交形态，如图 1.1-1 所示。

短视频 AI 时代的兴起与移动互联网和 AI 技术的普及密不可分。智能手机和移动网络的发展，使人们随时随地观看、制作和分享短视频。而人工智能的应用，则进一步提升了内容的制作效率和传播效果。平台如抖音、快手等，成为用户获取信息、娱乐和社交的重要场所。

短视频 AI 时代通过 AI 技术帮助用户自动剪辑、添加特效和配乐，简化了视频制作流程，让更多人能够轻松创作优质内容。AI 算法还能分析用户兴趣，精准推荐个性化内容，提升用户体验和平台黏性。短视频比传统文字和图片更具吸引力和感染力，适应快节奏生活需求，易于在社交网络上迅速传播。品牌和企业利用 AI 技术优化广告投放，提升推广和营销效果，推动短视频广告和直播销售等新模式不断涌现，促进数字经济发展。

图 1.1-1 一张照片跳舞的短视频效果

1.2 短视频常用 AI 软件介绍

在迈入短视频 AI 时代的过程中，了解并掌握常用的短视频制作 AI 软件至关重要。这些工具不仅能简化创作流程，还能提升内容质量和传播效果。下面将介绍几款短视频制作常用的 AI 软件。

1.2.1 脚本类

利用 AI 软件来撰写短视频脚本，不仅可以提升写作质量，还能提高创作效率。目前几乎所有的人工智能大模型都可以创作视频脚本，使用方法都大同小异，这里以 2 种最常用的模型为例进行讲解。

1.ChatGPT

ChatGPT 是基于 GPT 模型架构的聊天机器人，由 OpenAI 公司开发。它是一个能够进行对话和交流的人工智能系统，通过大量文本数据进行预训练，可以理解用户输入的自然语言文本，进行语义分析和模仿不同的语言风格，与用户进行语义上的对话。

在制作短视频领域中，通常使用 ChatGPT 生成脚本、文案、提供创意思路以及描述场景设定和背景等。ChatGPT 界面如图 1.2-1 所示。

图 1.2-1 ChatGPT 界面

使用 ChatGPT 来撰写脚本有两种提示方式：

● 直接提出任务需求。例如：生成 3 个关于眉笔的抖音短视频脚本。

● 扮演的角色 + 任务需求。例如：你是一名资深的短视频运营人员，请生成 3 个关于眉笔的抖音短视频脚本，要求以幽默风趣的口吻。案例效果如图 1.2-2 所示。

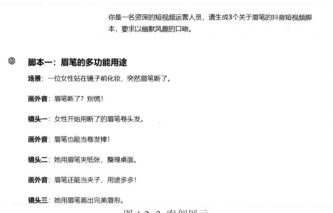

图 1.2-2 案例展示

在写短视频脚本的时候一定要牢记一个公式：5 秒注意力 +10 秒反转 +15 秒涨粉。

2. 文心一言

文心一言是由百度开发的对话式人工智能系统，基于强大的语言模型架构。它通过大量文本数据进行预训练，能够理解和生成自然语言文本，进行语义分析，并模仿不同的语言风格，与用户进行智能对话。

由于文心一言与 ChatGPT 功能类似，在制作短视频领域中，也会使用文心一言生成脚本、文案、提供创意思路以及描述场景设定和背景等。文心一言界面如图 1.2-3 所示。

图 1.2-3 文心一言界面

使用文心一言撰写脚本的方法与 ChatGPT 相仿，除了可以直接提出任务需求外，也可以采用扮演的角色 + 任务需求的方法，扮演的角色和任务需求可以互换位置，还可以在这个基础上提出更多、更细致的要求。例如：我现在需要制作一章古风漫画推文的短视频，请你作为一位古代仙侠小说作者，为我写一节古代仙侠小说片段，要求是精彩的高潮片段，200 字以上小说。案例效果如图 1.2-4 所示。

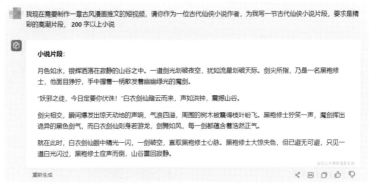

图 1.2-4　案例展示

知识扩展

　　在让大模型扮演角色时需要思考什么角色是最擅长写此类脚本的，就让这大模型扮演这个角色。

1.2.2 出图类

　　除了写脚本，在用 AI 制作视频时很多时候需要用图片来生成视频，所以掌握一些 AI 出图类的软件也是非常必要的。这里介绍 3 种常用的出图工具。

1.Midjourney

　　Midjourney 是一款基于人工智能技术的图像生成软件，它允许用户通过输入简短的文字描述来生成高质量的图像。Midjourney 界面如图 1.2-5 所示。

图 1.2-5　Midjourney 界面

在 Midjourney 中可以通过文生图和图生图的方法来生成图像：
- 文生图。直接输入提示词生成所需要的画面。
- 垫图后生图。有参考图片时，先将参考图片发送给 Midjourney，使 Midjourney 生成相应的提示词，输入参考图片链接和参考图片的提示词进行生成，如图 1.2-6 所示，会得到类似于参考图片的效果图，如图 1.2-7、图 1.2-8 所示。

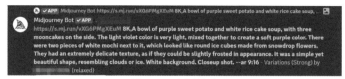

图 1.2-6 案例展示

图 1.2-7 参考图　　　　　　　　　　图 1.2-8 生成的图

2. 文心一格

百度文心一格是一款基于人工智能技术的图像生成软件，用户可以通过输入简短的文字描述来生成高质量的图像。这款工具致力于简化创作流程，让用户轻松获得理想的视觉作品。文心一格界面如图 1.2-9 所示。

图 1.2-9 文心一格界面

文心一格同样可以通过 2 种方式来进行图像生成：
- 文生图。直接输入备好的提示词生成所需要的画面，如图 1.2-10 所示。
- 商品图。上传商品参考图，调整参数设置，选择商品背景图片，即可得到商品的效果图。

图 1.2-10　案例展示

3.Vega AI

Vega AI 是一款免费的 AI 绘图工具，不仅可以生成图像，还可以生成视频。在制作短视频中，通常使用 Vega AI 根据提示词生成图片或根据图片来生成视频的场景。Vega AI 界面如图 1.2-11 所示。

图 1.2-11　Vega AI 界面

Vega AI 生成图片和生成视频的方式都相差不大，也是有 2 种方式：
- 文生图模式。将事先准备好的提示词输入对话框中即可一键生成图像，如图 1.2-12 所示。
- 图生图模式。将参考图片上传到对话框中，调整参数，即可一键生成相似风格的图像以供挑选。

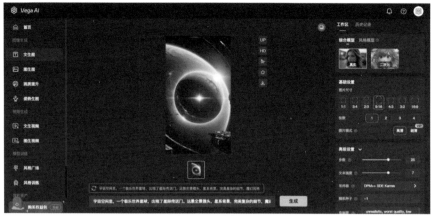

图 1.2-12　案例展示

▶ 1.2.3 视频类

目前，已经有不少可以生成视频的 AI 软件，每个软件都有自己的功能和特色，下面将介绍几款常用的生成视频类的 AI 软件。

1.Stable Video

Stable Video 是一款基于 AI 的视频生成平台，它专注于将文本或图像快速且高质量地转化为各类视频。Stable Video 的使用场景十分广泛，适用于企业宣传视频、产品演示视频、教学培训视频等各种场景。

使用 Stable Video 生成视频也有 2 种方式：

●文生视频。输入文本描述提示词，调整合适的参数，就会自动生成符合要求的视频。

●图生视频。上传图片，调整合适的参数，图片就会被转化为视频，如图 1.2-13 所示。

图 1.2-13　案例展示

2.Runway

Runway 是一款基于人工智能的创意工具和平台，它提供了一系列强大的功能，旨在帮助用户在视觉内容创作、设计和开发过程中提高效率和创新能力。

在制作短视频领域中，通常使用 Runway 进行生成视频场景、添加动作特效等。Runway界面如图 1.2-14 所示。

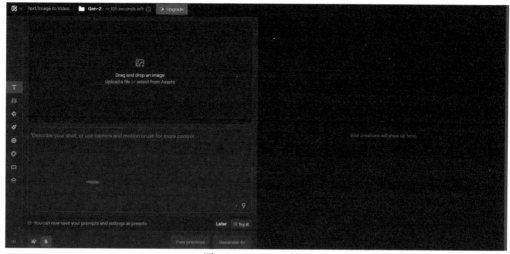

图 1.2-14　Runway 界面

使用 Runway 不仅可以用图片来生成视频，还可以修复视频：

●图生视频。上传已备好的图片，使用涂抹工具对需要运动的部位进行涂抹，生成后的图片就会"动"起来，如图 1.2-15 所示。

●修复视频。上传需要修复的视频，涂抹需要删除的画面，就会自动生成删除画面后的视频，如图 1.2-16、图 1.2-17 所示。

图 1.2-15　案例展示

图 1.2-16 涂抹人像　　　　　　　图 1.2-17 涂抹效果

3.Pika

Pika 是一个用人工智能创建和编辑视频的 AI 视频生成网站，可通过输入文本或上传图片来生成视频。用户只需上传所需的素材，或者选择 Pika 提供的素材库中的资源，然后设定好基本的参数和风格偏好，Pika 便能根据这些指令自动生成符合要求的视频。

在制作短视频领域中，通常使用 Pika 根据提示词生成视频或根据图片生成可运动的视频来作为短视频的素材。

这里介绍 Pika 的 2 个常用功能：

●文生视频。将事先准备好的提示词输入对话框中即可一键生成视频，这种创作方式不仅极大地简化了视频制作的流程，还为用户提供了更多发挥创意的空间。

●图生视频。将事先准备好的图片上传进对话框中，调整提示词，即可一键生成满足需求的视频，如图 1.2-18 所示。

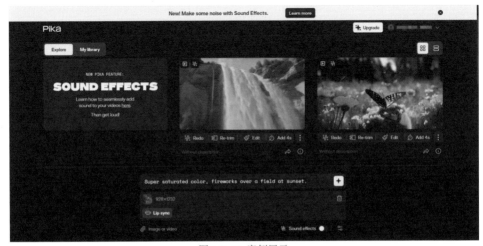

图 1.2-18 案例展示

4. 一帧秒创

一帧秒创是一个功能强大、易于使用的 AI 图像生成网站，有文生视频、图生视频等功能，一秒创帧界面如图 1.2-19 所示。

图 1.2-19　一帧秒创界面

下面介绍一帧秒创 2 个常用的功能：

●文生视频。用户可以通过输入简短的文字描述快速生成高质量的视频内容。

●图文生视频。上传事先准备好的图文，系统会自动参考图片并匹配在线素材生成高质量的视频，如图 1.2-20 所示。

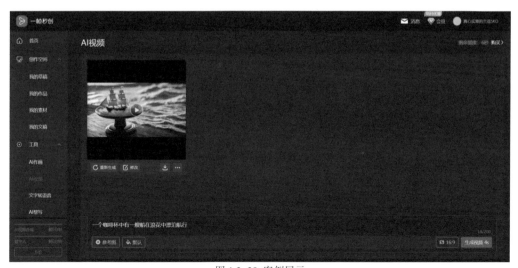

图 1.2-20　案例展示

在通过文本生成视频时，如果不太清楚该如何撰写提示词，也可以使用像 ChatGPT 之类的大模型来生成提示词。

1.2.4 音乐生成类

在短视频中，除了视频图像外，音乐也是非常重要的要素，除了使用现有的一些素材外，也可以借助 AI 来生成一些自己喜爱的、独特的音乐。

1.Suno AI

Suno AI 是一款生成式人工智能音乐创作程序，旨在产生人声与乐器相结合的逼真歌曲。用户输入歌词并选择曲风，系统即可自动生成高质量的音乐。Suno AI 创作的音乐可以为视频添加合适的背景音乐效果。Suno AI 界面如图 1.2-21 所示。

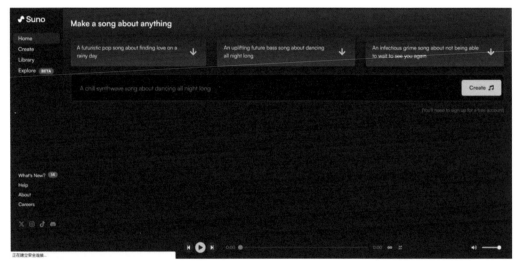

图 1.2-21 Suno AI 界面

使用 Suno AI 生成音乐有 2 种方法：

●歌词创作音乐。直接输入备好的歌词，填写曲风的关键词以及标题，即可让 AI 创作出所需曲风的歌曲，如图 1.2-22 所示。

●随机生成。填写风格的关键词，即可生成随机曲风的歌曲。

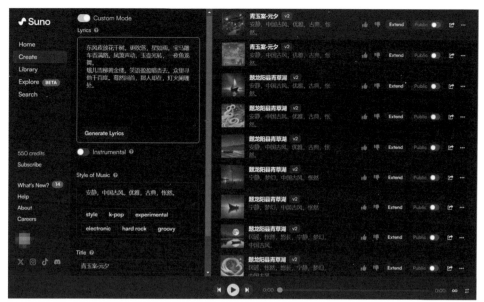

图 1.2-22 案例展示

2.Musicfy

Musicfy 是一款基于人工智能技术的在线音乐创作网站，用户可以通过文生音乐、音频创作音乐等功能来创作自己的音乐。Musicfy 专注于为创作者和爱好者提供个性化的音乐生成体验，无论是为 ChatGPT 生成的文字故事配乐，还是为个人项目定制背景音乐，Musicfy 都能轻松应对。Musicfy 界面如图 1.2-23 所示。

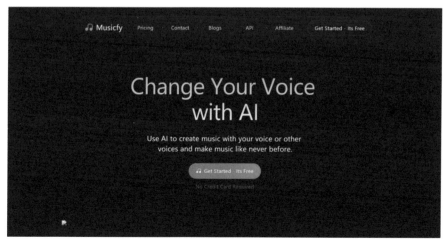

图 1.2-23　Musicfy 界面

下面介绍使用 Musicfy 常用的 2 种生成音乐的方法：
- 文生音乐。输入简单的文字描述后，即可生成独特的音乐旋律。如图 1.2-24 所示。
- 个性化模型。Musicfy 仿声作曲功能允许用户上传自己的声音，创建与自己声音相似的

AI 声音。

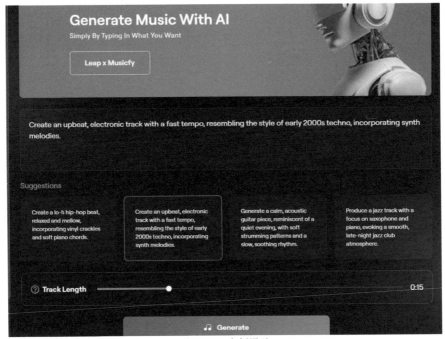

图 1.2-24 案例展示

3. 网易天音

网易天音是一款基于深度学习技术的多功能音频编辑软件。用户可通过简单的操作，实现音频剪辑、混音等功能，并自动优化音频质量。网易天音操作便捷，适用于音乐制作、声音设计等多种场景。网易天音界面如图 1.2-25 所示。

图 1.2-25 网易天音界面

下面介绍使用网易天音 2 种生成音乐的方法：

● AI 一键写歌。输入关键词描述，设置好作品 / 音乐类型等参数后，系统会自动生成独特的音乐旋律，可在线对生成的音乐旋律、歌词进行调整，如图 1.2-26 所示。

● AI 编曲。可以在网易天音上传自己的曲谱，系统会自动根据曲谱帮助生成个性化曲谱编排，快速高效地完成自己的曲子。

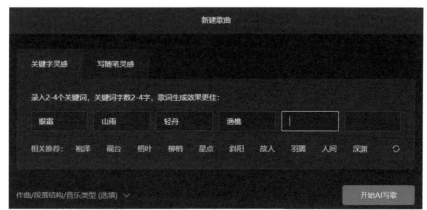

图 1.2-26　案例展示

1.2.5 后期剪辑类

在短视频制作中，除了制作外，后期的剪辑也非常重要，起到了画龙点睛的作用。这里介绍两款在短视频后期制作中比较常用的软件。

1. 剪映

剪映是一款专业的移动视频剪辑工具，它主要面向大众用户和内容创作者，提供了丰富的视频剪辑功能和各种视频模板，可以帮助用户轻松地进行视频剪辑和创作。剪映界面如图 1.2-27 所示。

图 1.2-27　剪映界面

下面介绍剪映的几个常用功能：

● 图文成片。此功能可以把文章或文字自动转换成视频，生成后可以上传本地视频素材来进行调整。

● 自动辨别字幕 / 歌词。选中音频轨道或视频轨道右击即可一键生成字幕 / 歌词文本。

● 剪同款。使用喜欢的模板，对视频素材以及文字进行替换即可完成剪辑。此功能为用户提供了发挥创意的新途径，让视频创作变得更加简单、高效和有趣。

2. 腾讯智影

腾讯智影是一款集成了 AI 创作能力的智能创作工具，提供虚拟数字人、文本配音、文本转视频、文章转视频、智能抹除、字幕识别、智能转化比例、在线视频剪辑等功能。腾讯智影界面如图 1.2-28 所示。

图 1.2-28 腾讯智影界面

下面介绍腾讯智影的几个常用功能：

● AI 数字人播报。选择合适的数字人，输入文案即可自动生成 AI 数字人开口说话的视频，如图 1.2-29 所示。

● 视频解说。选择合适的解说视频素材，输入文案后，利用腾讯智影快速选择视频片段，在线对视频片段进行剪辑，即可完成一个较为完整的影视解说类视频。

图 1.2-29 案例展示

第2章
选对平台很重要

在短视频创作的浪潮中，选对平台至关重要。不同的平台拥有各自独特的用户群体和功能特性，能够直接影响内容的传播效果和受众覆盖面。只有找到最适合自己的平台，才能最大限度地展示创意，提升影响力。

2.1 短视频平台介绍

短视频平台为用户提供了丰富的创作功能和分享空间。诸如抖音、快手、小红书等平台，以其独特的功能和广泛的用户基础，吸引了大量创作者和观众。接下来，让我们深入了解这些短视频平台的特点和优势。

2.1.1 抖音

抖音是中国字节跳动公司开发的一款短视频社交应用，于 2016 年 9 月发布，迅速在全球获得巨大用户基础和影响力。它以独特的内容创作和社交互动方式闻名，成为用户记录生活、分享创意、发现趣味的主要平台之一。

抖音平台的内容特点偏向于轻松娱乐、生活记录等娱乐属性方面，同时也适合音乐舞蹈、美妆时尚、教育知识等领域的短视频上传。

抖音在视频推荐和流量分发上采用了中心化策略，致力于精准匹配用户兴趣。平台通过分析用户的观看、点赞、评论和分享行为，判断用户偏好，并以此分配视频流量。这样不仅提高了用户体验，还增加了视频创作者的曝光度和互动率。通过这种方式，抖音有效地连接了内容创作者和观众，形成了一个动态且高效的内容生态系统。

此外，抖音的男性用户比例稍高于女性。在年龄分布上，30 岁以下的用户占据了近一半的份额，并且以 24~30 岁的年轻用户群体为主。从城市分布情况来看，抖音用户主要分布在一线城市，这些用户普遍年轻，充满活力，且多才多艺。

2.1.2 快手

快手是中国一款非常受欢迎的短视频社交平台，它以"记录世界，让世界更有趣"为口号，致力于为用户提供创意、有趣、生活化的短视频内容。

快手平台的内容特点同样偏娱乐属性方面，它通过互联网技术，以非集中化的方式向用户分发短视频内容，让每个创作者得到相同的关注，人们通过内容建立紧密的关系。

快手短视频的热门短视频一般都具有几百万播放量，同时其点赞数、评论率和转发率也均保持领先地位。通常而言，快手各项数据对视频推送的重要影响程度为：转发率 > 评论率 > 点赞率。

知识扩展

抖音和快手之间的区别：抖音主要根据对每个用户的各项行为分析，向用户推送他们有可能会感兴趣的视频来增加流量。而快手则是根据用户搜寻的信息，来推荐相应视频给用户，让用户去寻找自己喜欢的东西。

▶ 2.1.3 微信视频号

微信视频号是腾讯推出的一项新功能，它是内嵌在微信平台中，为用户提供了一站式的视频创作、分享与发现体验。它深度融合了微信的社交和聊天功能，让用户能够轻松地将短视频分享给好友、群聊或朋友圈，增强了社交互动的乐趣。

微信视频号是一个集创作、分享与互动于一体的短内容平台。它以图片和视频为主要内容形式，支持手机发布，便于用户随时记录生活点滴。

视频号拥有独特的社交传播机制，通过好友点赞实现内容循环推荐，增强用户间的连接。同时，借助先进的算法，它能根据用户标签推荐个性化内容，确保每位用户都能发现感兴趣的视频。这些特点共同构筑了微信视频号独特的魅力。

该平台用户主要集中在 35~65 岁年龄段，尤其受到女性及三四线城市消费人群的喜爱。

▶ 2.1.4 小红书

小红书是一款以生活方式为主题的社交电商平台，用户可以通过图文、视频等形式分享生活点滴，同时也可以在平台上发现好物、学习新知识。小红书以其独特的社交属性和电商属性，成为年轻人追求品质生活的重要工具。

小红书，作为领先的"社区＋电商"平台，专注于生活方式的分享与探索。其显著特点之一是拥有庞大的女性用户群体，占比高达 80%，为美妆护肤、潮流时尚等领域提供了精准的流量支持。平台上的内容以精致、极简、自律和丰富有趣为主题，为用户呈现了一个充满品质与灵感的生活空间。

在内容传播方面，小红书采用智能标签系统，确保每篇笔记都能精准地触达感兴趣的用户。同时，笔记的曝光量与其点赞、收藏、评论等互动数据紧密相关，形成了一个正向的激励机制，鼓励用户创作更多优质内容，共享美好生活。

▶ 2.1.5 腾讯视频

腾讯视频，作为腾讯公司打造的在线视频平台，汇聚了众多电影、电视剧、综艺节目等精彩内容。同时，它还积极鼓励用户上传原创视频和短视频，为广大观众提供多元化的视听盛宴。

腾讯视频是一个以正版视频内容为主，支持用户上传原创视频的在线视频平台。腾讯用户对于视频内容的消费更趋传统和大众化：电视、综艺、电影等传统性热门节目，在腾讯用户中也依然有着较高热度。

在内容传播方面，腾讯视频采用先进的智能推荐系统，能够精准地根据用户的观影历史和偏好推荐相关内容。同时，用户的观看时长、点赞、评论等数据也会影响内容的曝光度，形成了一个积极的反馈机制，鼓励创作者产出更多优质内容。

腾讯视频的用户主要集中在一、二线城市的年轻人，用户年龄段大多数处于 18~34 岁。他们不仅对热门电视剧、电影有浓厚兴趣，还热衷于观看综艺、动漫和纪录片等多元化内容。这些用户追求高品质、高清晰度的观影体验，同时也注重内容的创新性和独特性。

▶ 2.1.6 西瓜视频

西瓜视频是字节跳动旗下的视频平台。该平台以人工智能为核心，为用户推荐个性化视频内容，鼓励多样化创作，还投入大量资源扶持中视频创作人，致力于发展1分钟到30分钟的中视频内容。

西瓜视频，作为知名的"视频＋社区"平台，专注于为用户提供多元化、高质量的视频内容。平台上的视频内容涵盖了娱乐、生活、知识等多个领域，以精致、创新、有趣为主题，为用户展现了一个丰富多彩、极具启发性的视频世界。

平台首先会收集并分析用户的行为数据，通过先进的算法模型，对视频进行特征提取和分类，确保推荐的内容与用户兴趣高度匹配。此外，西瓜视频还采用分批次推荐策略，首先推荐给最可能感兴趣的用户，然后根据这批用户的反馈调整后续推荐。这种机制有助于快速筛选出受欢迎的内容，并将其推荐给更多潜在用户，从而实现流量的高效分发。

西瓜视频的主要用户群体广泛，男性用户较多，年龄段主要集中于25~35岁，他们共同的特点是对视频内容有着较高的要求，并热衷于在平台上分享和发现优秀的视频作品。

▶ 2.1.7 哔哩哔哩

哔哩哔哩，简称B站，是中国年轻一代高度聚集的文化社区和视频平台。B站以ACG（动画、漫画、游戏）内容起家，现已涵盖多种视频内容，如游戏、动漫、科技、音乐等。平台以其独特的弹幕评论功能，为用户创造了互动和分享的视频体验。

哔哩哔哩，作为领先的ACG文化"社区＋视频"平台，专注于为用户提供丰富多元的内容体验。B站创作内容更注重高质量、创意，涵盖的内容也十分广泛，从娱乐、知识科普到专业技术领域，都有独特的风格和深度。

其显著特点之一是拥有庞大的年轻用户群体，尤其是热爱ACG文化的二次元爱好者。这些用户主要集中在年轻人中，他们不仅热衷于观看动画、漫画和游戏相关的视频内容，还积极参与弹幕互动，与其他用户分享心得和感受。

平台通过智能推荐系统，将用户最感兴趣的内容精准推送到他们眼前。哔哩哔哩还通过正向激励机制，鼓励创作者持续创作优质内容，为用户带来更加丰富多彩的视频体验。同时，弹幕评论和点赞互动等机制，为用户提供了与其他二次元爱好者实时交流的平台。

▶ 2.1.8 今日头条

今日头条是一款基于数据挖掘的信息类互联网产品，拥有广泛的用户基础和丰富的内容资源。今日头条账号内容涵盖科技、体育、健康、美食等多个领域。平台支持视频、图文、直播等多种形式。

今日头条，作为领先的个性化内容推荐平台，专注于为用户提供丰富多样、实时更新的信息资讯。平台不仅紧跟时事热点，也鼓励原创和高质量的内容创作。

它拥有广泛的用户群体，尤其以一、二线城市的年轻白领、学生等为核心用户。主要集中在年龄段为18~40岁的用户，其中25~40岁的用户占比较高。这些用户不仅具备较高的文化素养和广泛的兴趣爱好，同时也对新闻、科技、娱乐等各个领域的内容保持高度关注。

在内容传播方面，今日头条采用先进的推荐系统，确保每篇内容都能精准触达目标用户。同时，内容的曝光量与其质量、用户反馈等紧密相关，形成了一个正向的激励机制，鼓励创作者生产更多优质内容。

2.2 借助 AI 分析适合的平台

在选择短视频平台时，可以借助 AI 分析确定自己的内容更适合用哪个短视频平台来发布短视频。例如：我们使用文心一言来选择合适发布"青少年美育课程"短视频的平台，使用方法如图 2.2-1 所示。

我即将创建一款关于"青少年美育课程"的短视频账号，会每天发布关于"青少年美育"的短视频，请你从几大主流短视频平台中，帮我选择一个合适的平台，并给出理由

在选择合适的短视频平台来发布"青少年美育课程"内容时，我们需要考虑多个因素，包括平台的用户群体、活跃度、内容生态以及对教育类内容的支持程度。以下是针对几大主流短视频平台的评估及推荐：

1. B站（bilibili）

- **用户群体**：B站以年轻人和青少年为主要用户群体，非常符合"青少年美育课程"的目标受众。
- **活跃度**：B站用户活跃度高，用户黏性强，对于优质内容的传播和接受度较高。
- **内容生态**：B站不仅有丰富的娱乐内容，还有大量专业领域的UP主，包括教育、艺术等领域。其"知识光年"品牌已经为青少年提供了丰富的科学知识和美育内容，显示出对青少年教育内容的重视。
- **支持程度**：B站对于青少年教育类内容持支持态度，不仅提供了良好的创作环境，还有助于扩大内容的影响力。

选择B站作为发布平台的原因如下：

- **目标受众匹配**：B站的用户群体与"青少年美育课程"的目标受众高度重合，有利于内容的有效传播。
- **平台优势**：B站作为视频内容创作者和观众互动交流的社区，具有强大的社区氛围和创作支持，有利于吸引更多用户参与和分享。
- **政策支持**：B站对于青少年教育类内容有明确的支持政策，包括推出相关计划和资源，有助于提升内容的可见

图 2.2-1　使用 AI 选择发布平台

通过 AI 技术，可以对用户行为进行多方面的综合分析，以便于更精准地了解各个平台的用户画像和需求，清晰地看到哪些平台的用户更关注哪一方面的内容，从而选择一个最适合传播和推广的渠道。例如：我们使用文心一言来分析抖音平台更适合发布哪一类短视频，使用方法如图 2.2-2 所示。

请对抖音平台的用户进行分析，判断更适合发布哪一类短视频

对抖音平台的用户进行分析后，可以发现该平台用户群体广泛，且具有一定的共同特征，这些特征决定了在抖音上发布哪一类短视频更有可能获得用户的关注和喜爱。以下是对抖音平台用户的分析及更适合发布的短视频类型：

一、用户群体特征分析

1. **年龄分布**：抖音用户的年龄主要集中在18-35岁之间，其中25岁以下的年轻人占据较大比例。这表明抖音平台上的用户以年轻人为主，他们喜欢追求时尚、潮流和新鲜事物。

2. **性别比例**：女性用户略多于男性用户，女性用户占比高达60%以上。这意味着女性用户对抖音的接受度和参与度更高，对时尚、美妆、母婴等领域的内容更感兴趣。

3. **地域分布**：抖音用户主要分布在一二线城市，但也在不断向三四线城市渗透。这表明抖音平台具有广泛的用户基础，不同地域的用户对内容的需求和偏好也存在差异。

4. **兴趣爱好**：抖音用户兴趣爱好广泛，涵盖了音乐、舞蹈、美食、旅行、影视、游戏等多个领域。其中，音乐和舞蹈是用户最喜欢的类型，占到了近60%的比例。

二、更适合发布的短视频类型

1. **时尚潮流类**：针对年轻人追求时尚、潮流的特点，可以发布与时尚穿搭、潮流配饰、时尚妆容等相关的短视

图 2.2-2 使用 AI 分析抖音平台

第 3 章

爆款短视频的底层逻辑

每一个爆款短视频的背后，都有着一套独特的底层逻辑。
理解并掌握这些，能够帮助创作者在激烈的竞争中脱颖而出。
接下来，我们将深入探讨爆款短视频的底层逻辑，揭示其背
后的成功秘诀。

3.1 什么是推荐算法

在信息爆炸的时代，我们每天都会面对海量的信息，包括新闻、文章、视频、音乐、商品等等。然而，这么多的信息中，究竟哪些更有用、更让人感兴趣呢？这就是推荐系统所要解决的问题。

推荐系统是一种利用算法和数据分析技术，根据用户平时的兴趣、行为、历史数据等信息，向用户推荐可能感兴趣的内容、产品或服务的系统。它不仅可以帮助用户发现新的内容，节省搜索时间，还可以提供个性化的体验，增强用户黏性和忠诚度。

3.1.1 用户的"兴趣"

在新用户注册使用软件时，系统会自动询问用户的兴趣领域，在页面中呈现一个多元化的兴趣选项列表，例如：音乐、电影、旅行等。用户会根据自己的喜好，选择最感兴趣的一个或多个领域。这一步骤帮助系统理解用户的需求和偏好，如图 3.1-1 所示。

此外，在短视频平台上，用户的兴趣变化是一个动态且复杂的过程，可能受到多种因素的影响。例如，小李是一位年轻的职场新人，他在刚开始接触短视频平台时，主要对娱乐和搞笑视频感兴趣。每天下班后，他喜欢刷一刷这些轻松搞笑的内容，放松心情。

随着时间的推移和工作经验的积累，小李的职业发展需求逐渐提升。他开始关注职场技能提升和自我管理的视频内容。这一转变起因于他在公司遇到的一些挑战，比如时间管理不善、工作效率低下等。

从偶然刷到一次关于职场技能提升的内容后，他开始主动搜索并观看更多关于职场技能和个人发展的短视频。

选择感兴趣的内容

根据兴趣，为你推送个性化的内容

图 3.1-1 用户的"兴趣"

平台的智能推荐算法也捕捉到了小李兴趣的变化，开始推送更多与职场相关的优质内容，如职业规划、领导力培养等方面的视频。小李的观看习惯逐渐改变，从娱乐搞笑视频转向了学习型、提升型的视频内容。

3.1.2 "猜你喜欢"

短视频平台通过智能算法实时分析用户喜好，精准推送个性化视频内容。这种"猜你喜欢"的推荐方式，不仅提升了用户体验，也促进了视频创作者与观众的精准匹配。

比如，小李最近对户外运动装备产生了浓厚兴趣，他搜索并浏览了多款徒步鞋和户外背包。很快，"猜你喜欢"模块向他展示了一款高性能的防水徒步鞋，该款鞋不仅具备卓越的防滑和耐磨性能，还配备了先进的透气系统，确保长时间行走时脚部依然干爽舒适。

再比如，可能很多忙碌的上班族一辈子也不会购买"自动喂食器"这样的宠物用品。他们每天忙于工作，很难保证定时为宠物喂食。而"自动喂食器"这一产品，能够根据设定的时间自动为宠物投放食物，确保宠物在主人忙碌时也能得到规律的饮食。这也正是"猜你喜欢"功能的魅力所在——它总能为我们发现那些意想不到的好物，让购物变得更加轻松和愉悦，如图 3.1-2 所示。

3.1.3 用户画像

在收集到用户的兴趣信息后，根据用户的选择，结合用户的行为数据，构建一个详尽的用户兴趣画像。这个画像记录用户的显性兴趣，还能捕捉到用户的潜在兴趣和需求，如表 3.1-1 所示。

而在视频存储平台上，视频内容会被分析和识别。这个过程通常包括，从视频内容中提取关键词以方便对视频贴上相应的标签，用于后续的内容分类和推荐。

接下来，系统会根据用户的兴趣画像，为用户提供一系列个性化的服务。在内容推荐与功能服务方面，系统会优先推送与用户兴趣高度相关和个性化定制的内容，无论是文章、视频、音频还是其他形式的媒体。例如，喜欢旅行的用户，可以看到更多的旅行攻略、景点推荐和旅行优惠信息。

此外，当用户开始关注某个新的领域或话题时，系统会及时捕捉到这一点，并更新用户的兴趣画像，以确保后续提供的服务更加精准和贴心。

图 3.1-2　"猜你喜欢"

用户画像的八要素
基本个人信息
行为和偏好
社交信息
设备和技术使用偏好
活跃时间和频率
表达情感倾向和满意度
地理位置
用户生命周期

表 3.1-1　用户画像

3.1.4 短视频的标签

在短视频平台上，不管创作者还是平台都会对视频贴上标签，标签能够更好地分类和展示视频，提高视频的曝光率。无论是热门标签还是独特的自定义标签，掌握标签的使用技巧对短视频的成功至关重要。

例如，一位美食博主在分享一道创意早餐煎饼的制作过程时，可以通过巧妙使用标签来增加视频的曝光率。可以选择一些常见的热门标签以及一些更加具体的标签，如 # 早餐、# 简易食谱，这些标签能够让视频出现在大量对美食感兴趣以及对具体内容有兴趣的用户。同时，还可以根据视频中的独特元素添加一些自定义标签，例如 # 创意早餐、# 五分钟早餐，突出视频的特色和亮点。

此外，可以观察并跟踪平台上的流行趋势，适时调整和更新标签。比如，当前 # 低卡美食成为热门话题，可以将这个标签加入相关视频中，借助热点提升视频的热度和曝光率。通过这种方法，不仅能够扩大视频的受众范围，还能提升观众的参与度和互动率。

合理运用标签不仅是吸引流量的有效手段，更是帮助创作者精准定位和锁定目标观众的关键。通过不断优化和调整标签策略，每一位短视频创作者可以获得更多的关注和认可。

3.2 流量推荐三要素

在短视频平台上，成功获取流量的关键在于掌握"流量推荐三要素"：发布时间、用户偏好和痛点。优质内容是吸引观众的基础，互动参与能增加视频的曝光度和观众黏性，而合理的标签使用能提升视频的可见度。综合运用这三要素，创作者才能在激烈的竞争中脱颖而出，获得更多关注和推荐。

3.2.1 发布时间

短视频的发布时间对流量和曝光度有着重要影响。选择合适的发布时间，可以提升视频的观看量和互动率，如表 3.2-1 所示。

不同的受众群体在不同时间段的在线活跃度各不相同，因此，了解目标观众的习惯并在其高峰时段发布视频，是获取更多流量和推荐的关键策略，而这个时间段也被称为黄金时间。其次在不同的领域和平台上，黄金时间的具体时间段可能会有所不同，通常是根据受众的生活习惯、工作学习时间以及平台的特点等因素来确定的。

短视频平台	黄金时间（小时）			
抖音	7:00-9:00	11:00-13:00	17:00-19:00	21:00-23:00
快手	7:00-9:00	12:00-14:00	18:00-20:00	21:00-23:00
小红书	8:00-9:00	12:00-14:00	/	20:00-22:00
B 站	9:00-11:00	15:00-17:00	/	20:00-22:00

表 3.2-1 黄金时间

* 请注意，这些时间仅供参考，并且可能因平台、内容类型、目标受众等因素而有所不同。

▶ 3.2.2 视频标签

在短视频创作中，视频标签是提升视频曝光率的关键。平台通过分析视频标签和用户标签来进行精准推荐。视频标签是创作者为内容添加的描述性关键词，而用户标签则是平台根据用户的浏览、点赞、评论等行为数据生成的兴趣标签。通过将视频标签与用户标签匹配，平台能够向最感兴趣的观众推荐相关视频，提升观看量和互动率。

知识扩展

视频发布后，监测视频表现，根据数据反馈优化标签组合和使用策略。例如，如果某个标签表现优异，可以在相关视频中重复使用。

▶ 3.2.3 创意

在短视频创作的道路上，流量、内容质量、观众互动三要素相辅相成，而今天我们要特别强调的，正是其中闪耀的瑰宝——创意。创意，就像短视频的灵魂，它赋予作品独特的魅力，让每一个镜头都充满生命力。

短视频火爆的同时，千篇一律的内容就层出不穷，固然一时蹭到热点，带来了不少流量和粉丝，但当热度退下时，谁把握住了创意，谁就能制作出新的爆款视频，创意不仅能让你的作品在众多视频中脱颖而出，而且更能引起观众的共鸣，让他们愿意驻足观看、点赞分享。

此外，我们可以使用 AI 平台思考创意视角，从中获取灵感和新的内容方向。AI 能分析热门趋势并提出个性化创意建议，结合我们的独特视角，创作出新颖吸引人的短视频，如图 3.2-1 所示。

图 3.2-1　案例展示

第 4 章
8 招打造爆款内容

　　为了创作出引人入胜的爆款内容，本书精心总结了 8 招策略。接下来，让我们一起深入探讨这些方法，努力在短视频创作中脱颖而出，打造出深受观众喜爱的爆款内容。

4.1　4 招明确定位

短视频制作的明确定位是至关重要的，明确定位可以更好地了解受众群体的需求和兴趣，更精准地选择视频的创作内容主题、风格和表现方式，从而能够创作出更具吸引力和共鸣力的视频内容。

▶ 4.1.1 目标受众分析

仔细分析目标受众，包括受众的年龄、性别、兴趣爱好、地域等方面的特征。一般采用问卷调查、社交媒体分析或市场研究来了解受众的喜好和关注点。了解目标受众的需求和喜好，可以更准确地确定视频内容和风格。例如：我们使用 ChatGPT 来分析萌宠搞笑类视频的目标群众，使用方法如图 4.1–1 所示。

> 我的媒体账号主要是萌宠搞笑类，请你帮我分析一下目标受众，包括用户画像
>
> 你的目标受众主要是喜欢萌宠和搞笑内容的用户，他们可能有以下特征：
>
> 1. **年龄段**：主要集中在年轻人和年轻家庭，包括青少年、大学生、职场新人和年轻父母等。
> 2. **兴趣爱好**：对萌宠、可爱动物有浓厚的兴趣和热爱，喜欢观看有趣搞笑的视频内容。
> 3. **生活状态**：可能是宠物爱好者或正在考虑养宠物的人群，对宠物相关的生活方式和经验感兴趣。
> 4. **消费习惯**：喜欢在社交媒体上浏览有趣的内容，乐于分享和互动，可能是萌宠产品的潜在消费者。
>
> 用户画像可以进一步细分为：
>
> - **宠物爱好者**：热爱动物，可能已经有宠物或者计划养宠物，喜欢关注萌宠的日常生活和搞笑时刻。
> - **萌宠新手**：正在考虑养宠物或者刚刚领养宠物，希望从萌宠视频中获取养宠经验和灵感。
> - **搞笑爱好者**：喜欢欣赏搞笑内容，对于带有幽默元素和笑点的萌宠视频情有独钟。
>
> 针对这些用户画像，你可以制作各种类型的萌宠搞笑视频，如宠物日常、搞笑挑战、萌宠变装等，满足不同受众的喜好和需求，吸引更多粉丝和观众。

图 4.1–1　分析目标受众

▶ 4.1.2 确定核心主题

确定视频的核心主题，明确要传达的内容和意图后，选择一个自己擅长且感兴趣的领域进行内容创作，这样可以保证自己持续产出高质量的内容的同时，还能感受到成就感。比如，如果你对美食有着独特的见解和品位，那么美食领域将是你展现才华的天地。如图 4.1–2 所示。

图 4.1-2 案例展示

当无法确定视频主题时，我们可以使用 ChatGPT 来帮助确定，如图 4.1-3 所示，向 ChatGPT 发送要求：我想创作一个关于健康饮食的短视频系列，年轻人和白领阶层为受众目标，请你帮我确定短视频主题，适合什么样的风格，短视频标题要求简洁明了。ChatGPT 会自动生成对话，满足用户的需求。

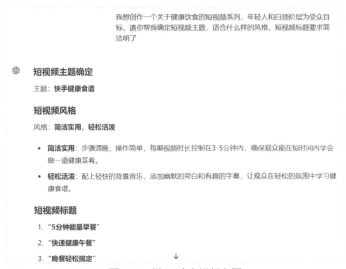

图 4.1-3 用 AI 确定视频主题

知识扩展

如何挖掘自身特点：使用 SWOT 法等其他测试方法定位分析自己的优缺点；思考自己做过最具有成就感的事情，也可以询问身边人——自己的亮点、区别于其他人的方面。

4.1.3 研究竞品分析

要想打造高质量短视频，深入分析同行业或相关领域的竞品短视频尤为重要。这样做不仅可以了解竞品的优势和不足之处，还能从同行的作品中汲取灵感和借鉴经验。通过对竞品爆款短视频的研究分析，可以发现同行在内容创意、拍摄手法、剪辑技巧以及互动方式等方面的独特之处。同时，也能发现竞品存在的不足之处，我们在创作过程中可以避免此类不足。如图 4.1-4 所示，我们可以使用 ChatGPT 来分析其他爆款萌宠娱乐类短视频的不足之处。

> 结合其他爆款萌宠娱乐类短视频，帮我分析他们的短视频内容都具有什么样的特点，以及视频的不足之处。

> 爆款萌宠娱乐类短视频通常具有以下特点：
>
> 1. **可爱互动**：视频中的萌宠展示了可爱的外表和有趣的行为，与主人或其他宠物之间进行互动，引发观众的共鸣和喜爱。
>
> 2. **搞笑元素**：视频加入了幽默、逗趣的元素，通过宠物的搞笑表情、行为或配音，让观众忍俊不禁，产生欢乐感。
>
> 3. **情感共鸣**：透过宠物展现出的情感表达，如忠诚、调皮、温柔等，观众能够与宠物建立情感连接，增强视频的共情度。
>
> 4. **创意新颖**：短视频内容创意独特，可能结合了流行话题、特殊场景或独特的故事情节，吸引了观众的注意力。
>
> 然而，一些爆款萌宠娱乐类短视频也存在一些不足之处：
>
> 1. **内容单一**：部分视频缺乏内容上的创新和多样性，可能过于依赖宠物的可爱外表或简单的互动，

图 4.1-4　用 AI 分析竞品

4.1.4 创意表现方式

选择合适的创意表现方式，如故事叙述、幽默搞笑、情感共鸣等，以及配合合适的视觉效果和音乐氛围，增强视频的吸引力和情感共鸣力。同时，需要形成自己的特色风格，例如语言特色、拍摄技巧、剪辑手法或是内容展现方式上，这样才能让观众记住你并愿意持续关注此视频号。

知识扩展

可以对粉丝较多的号进行大量的模仿，熟能生巧后对视频进行创新，形成自己的风格。长久的跟风模仿，会使观众对你打上没有创意的标签。

4.2 3 步打造 IP 人设

IP 即受众在脑海中对创作者的第一印象。打造 IP 人设可以为短视频带来更多的价值和机会，提升品牌的认知度、影响力和用户黏性，是品牌建设和营销的重要策略之一。

根据品牌定位和目标受众，设定 IP 人设的特征和个性，包括外貌特征、性格特点、行为习惯等。IP 人设的特征和个性应该与品牌形象相契合，具有辨识度和吸引力，如图 4.2-1、表 4.2-1 所示。

图 4.2-1 案例展示

IP 分类		
喜剧角色	美食达人	美食达人
时尚达人	美食达人	美食达人

表 4.2-1 IP 分类

▶ 4.2.1 独特印象

每位博主都可以根据自己独特的个性或特点，为观众留下别具一格的印象。例如，某位原本是宠物领域的博主，因其独特的笑声酷似石矶娘娘，便巧妙地以此作为个人标签，使得观众一听到这个笑声，便能立刻联想到她。如图 4.2-2 所示，这样的独特人设使得她在众多博主中脱颖而出。

图 4.2-2　案例展示

4.2.2 兴趣爱好

　　根据自己的兴趣爱好，也是一个很好的切入点，在热爱的领域中，一个人往往能够展现出独特的见解和丰富的经验，这使得人设的塑造变得轻松自然。同时，过往的经历也为创作提供源源不断的灵感和素材，使得内容更加丰富多样。这样的策略既有助于个人品牌的塑造，也能吸引更多志同道合的观众。

4.2.3 人物丰满

　　人物丰满性格对于塑造短视频 IP 人设具有重要作用。一个丰满的人物角色可以为视频增添深度和趣味性，使观众更容易产生共鸣和情感连接。

　　可以通过展示不同的形象增添对人物的丰满塑造，为观众带来更加丰富和有趣的观看体验。例如，某位男性美妆达人，这一人设具有极大的反差性，在传统观念中，美妆博主往往是女性的专属，而其作为一名男性美妆博主，这一独特定位让他在众多的女性美妆博主中脱颖而出，吸引了大量男性和女性观众的关注。如图 4.2-3 中所示，我们可以使用 ChatGPT 来分析常见的反差人设有哪些，这样可以快速帮助我们打造具有反差的人设。

常见的反差人设有哪些，可以让我快速打造具有反差的人设

打造具有反差的人设可以使你的短视频内容更具吸引力和独特性。以下是一些常见的反差人设，可以让你快速建立具有反差的人设：

1. 外表与爱好的反差

- **硬汉与温柔**：肌肉发达的健身达人，喜欢照顾小动物、插花或烘焙。
- **甜美与强悍**：外表甜美的女生，喜欢极限运动、修理汽车或打拳击。

2. 职业与兴趣的反差

- **严肃职业与幽默爱好**：严肃的律师或医生，业余时间喜欢搞笑视频创作或表演脱口秀。
- **科技与艺术**：IT工程师或程序员，业余时间热爱绘画、音乐或舞蹈。

3. 性格与行为的反差

- **冷酷外表与热情内心**：外表冷酷的摄影师，实际上非常热情开朗，喜欢与观众互动。
- **内敛外表与冒险精神**：外表文静的教师，喜欢极限运动和探险活动。

4. 生活方式的反差

- **都市与乡村**：生活在大城市的时尚达人，周末喜欢去乡村种菜、养鸡。

图 4.2-3 用 AI 分析打造反差人设

4.3 4 个不可忽视的细节

昵称、简介、头像和视频封面是短视频的重要组成部分。它们共同决定了第一印象，吸引观众点击观看。独特的昵称、清晰的简介、吸引人的头像和封面可以提升视频的辨识度和点击率。

▶ 4.3.1 头像

短视频账号头像的重要性不容忽视，通常用于在平台或应用中代表和标识该账号。头像要选择清晰、具有个性的照片或者设计，能够体现账号的风格和形象；一个专业、规范的头像能够提升账号的权威性和可信度，使观众更愿意关注和信任你的内容。此外，一个吸引人的头像能够激发观众的好奇心，促使他们点击进入你的账号查看更多内容。

▶ 4.3.2 昵称

昵称是个人形象的体现，也是内容创作的延伸。因此，在选择昵称时，要充分考虑创作者的个性特点、兴趣爱好以及内容主题，确保昵称符合创作者的个人风格和内容定位，比如十年室内设计师，金牌咨询师等。

在众多内容创作者中，一个独特、易记的昵称能够脱颖而出，避免与其他创作者混淆。尝

试寻找一些与众不同、具有个性的词汇或组合，使其与创作的内容定位相契合，让人一听就能联想到创作者视频的特色。我们可以使用 ChatGPT 来为账号取昵称，如图 4.3-1 中所示，让 ChatGPT 为萌宠搞笑类账号取昵称。

> 我的媒体账号主要是萌宠搞笑类，请你帮我创作五个昵称，要求好记、搞笑，具有个性
>
> 当然可以！以下是五个搞笑、好记且具有个性的萌宠昵称：
>
> 1. **皮皮虎**：调皮捣蛋的小猫，总是带着调皮的笑容。
> 2. **萌萌哒**：一脸天真可爱的小狗，总是让人忍不住想捏一把。
> 3. **宝宝肥**：圆滚滚的仓鼠，最喜欢的就是吃吃吃。
> 4. **魔法兔**：拥有魔法般的跳跃力，总能在意想不到的地方出现。
> 5. **疯疯癫癫**：精力旺盛的小鸟，总是带着疯疯癫癫的笑容飞来飞去。
>
> 希望你喜欢这些创意昵称！
>
> ‹ 2/2 ›

图 4.3-1　用 AI 取昵称

知识扩展

注意，一旦选定了昵称，尽量在所有平台上保持一致，这样可以使观众更容易辨认，并建立起信任感。

▶ 4.3.3 简介

简介是展示创作者的账号特点、创作风格和内容特点的重要途径。

简介要简洁明了，创作者可以展示自己的个性、创作理念、擅长领域以及内容风格，帮助观众快速建立起对创作者的初步印象，此外，简介要能够概括短视频账号的内容特点，以便用户第一时间判断是否感兴趣，从而决定是否继续关注。比如"陶阿狗君"，她写的"拍点不一样的"。她的视频内容也如同简介所说，她的短视频风格与众不同，创意非凡。此外，我们可以使用 ChatGPT 来为账号写简介，如图 4.3-2 中所示，让 ChatGPT 为萌宠搞笑类账号创作简介。

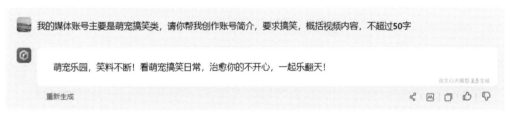

> 我的媒体账号主要是萌宠搞笑类，请你帮我创作账号简介，要求搞笑，概括视频内容，不超过50字
>
> 萌宠乐园，笑料不断！看萌宠搞笑日常，治愈你的不开心，一起乐翻天！
>
> 由文心大模型 3.5 生成
>
> 重新生成

图 4.3-2　用 AI 写简介

4.3.4 视频封面

视频封面是短视频在展示时呈现给观众的静态图像，通常出现在视频列表、推荐页面或搜索结果中。

视频封面则要选择有吸引力、能够概括视频内容的图片或设计，让观众愿意点击进入观看。确保封面图像清晰、高质量，避免模糊或像素化的图像。在必要时，可以在封面上添加简洁明了的文字说明，帮助观众更好地理解视频内容，如图 4.3-3 所示。

图 4.3-3 案例展示

4.4 十大内容元素

短视频内容是其核心吸引力，它决定了观众是否愿意点击、观看和分享。优质内容能迅速捕获观众注意力，传递信息、引发共鸣，甚至驱动消费。同时，丰富多样的内容形式满足不同用户喜好，使短视频平台保持活力和吸引力。

4.4.1 热点类

热点，指的是在特定时间段内广泛受到公众关注和讨论的话题、事件或趋势。这些话题通常具有高度的时效性和广泛的传播性，能够迅速引起社会各界的兴趣和互动。

热点类短视频是指紧跟当下流行趋势、新闻事件或社交媒体热门话题的视频内容。这类视频通过快速响应和创意表达，能够迅速吸引大量观众的关注和互动，提升视频的曝光率和账号的影响力。蹭热点是一种有效的内容创作策略，但需要技巧和时机的把握，才能实现最佳效果。此外，我们可以使用 ChatGPT 来找寻蹭热点的方式，如图 4.4-1 中所示，ChatGPT 以歌手发布新歌为例，教会我们应该怎么蹭热点。

最有效的蹭热点方式其实就是：在借鉴原素材的基础上，巧妙地融入自己独特的观点和创意，以此创造出既具有话题性又具备个性的内容。

举一个热点类短视频为例，该怎么蹭热点，要有干货，不超过500字

例子：蹭热点类短视频的实战案例

热点事件：某知名歌手发布新歌

在知名歌手发布新歌后，社交媒体和音乐平台上关于新歌的讨论迅速升温。这是一个非常好的蹭热点机会，通过以下几个步骤，你可以高效地制作并推广相关的热点类短视频。

1. 把握时效性

热点的热度是短暂的，尤其是娱乐热点。你需要在新歌发布的第一时间内做出反应。关注新闻发布和社交媒体动态，迅速策划和拍摄内容。

2. 创意内容

创意是吸引观众的关键。以下是几个创意点：

- **舞蹈挑战**：编排一段与新歌副歌部分节奏契合的舞蹈动作，简单易学，便于观众模仿。
- **搞笑模仿**：模仿歌手的经典动作或表情，制作一段搞笑视频。
- **音乐翻唱**：演唱新歌的副歌部分，并在视频中展示自己对歌曲的独特理解和演绎。

3. 使用相关标签

图 4.4-1　AI 教会蹭热点

知识扩展

注意，选择的热点最好与创作的视频内容方向相关，这样能保持内容的连贯性，同时避免选择涉及敏感话题或负面事件的热点。抓住热点的时效性是重要的，但也不要为了赶时间而牺牲内容的质量，要确保内容制作的精益求精。

▶ 4.4.2 吐槽类

这类视频以犀利批评和幽默调侃为特点，选取热点话题或现象，创作者通过搞笑火柴人的手法来表达观点，引发观众共鸣和讨论。评论区往往成为观点碰撞的阵地，互动性较高。

博主讲述自己所遇到服务业的一些令人哭笑不得的现象，例如跟小贩大妈熟悉后，被大妈指使去买鸡蛋之类的琐事等，这些"友情绑架"的现象，众多观众也有过类似的经历，这种微妙的"被支使"感，无疑在享受服务的同时，也带来了一丝无奈和尴尬，如图 4.4-2 所示。

图 4.4-2　案例展示

▶ 4.4.3 干货类

干货类短视频是一种以提供实用性、有价值的知识或技能为主要目的的视频内容。这类视频通常通过简洁明了的方式，向观众传递实用的信息或技巧，帮助他们解决问题或提升能力，如图 4.4-3 所示。

值得注意的是，无论此类视频的内容是什么，都应当确保对观众有所助益。特别是，如果视频涉及的知识点较多，语言的表达更需要简明扼要、通俗易懂，以便观众能够轻松理解和吸收。

▶ 4.4.4 故事类

故事类短视频通过生动的故事情节和精彩的叙述，向观众传递情感和思想。这种视频形式通过吸引人的故事性内容，引发观众共鸣和思考，是一种极具感染力和吸引力的创作形式。

这类账号收集了粉丝投稿以及各大网站的传闻轶事，这些故事不仅引人入胜，而且往往带有深刻的启示。账号团队精心挑选和编辑每一个故事，将其转化为视觉和听觉上的盛宴，如图 4.4-4 所示。

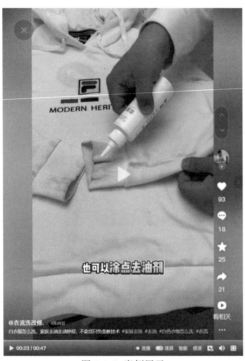

图 4.4-3 案例展示

图 4.4-4 案例展示

▶ 4.4.5 攻略类

攻略类短视频是一种旨在向观众传授特定领域技能或经验的视频内容，此类常见于旅游类和美食类短视频。

在这条短视频中，创作者介绍了重庆渝中区一家可以看到江景的餐厅，美食涵盖了烤全羊、中餐，是小资人群团建的好去处。当系统识别"烤全羊""团建""江景餐厅"这几个关键词时，会将这条视频优先推荐给重庆团建聚餐以及外来的观众，如图 4.4-5 所示。

图 4.4-5　案例展示

▶ 4.4.6 科普类

科普类短视频是致力于向观众传递知识和信息的视频内容。通过简洁明了的方式，这类视频介绍和解释各种概念、原理或现象，帮助观众更好地了解世界和身边发生的事物。

这条短视频中，创作者深入解答了为何有些人总是成为蚊子的首选目标这一令人困惑的问题。蚊子在炎炎夏日中无疑成为人们的烦恼之源，而这条视频则成功引发了观众的热议，如图 4.4-6 所示。

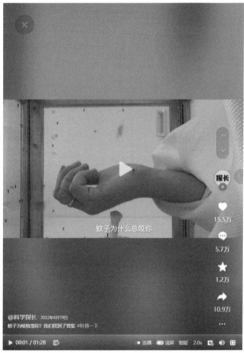

图 4.4-6　案例展示

▶ 4.4.7 圈层类

圈层是指社会中因共同的经济、文化、教育、职业等背景而形成的不同层次和群体。这些群体内部往往有着相似的价值观、行为方式和社交习惯，形成了一种独特的归属感。

在现代社会中，圈层现象愈发明显，不同圈层之间既有交流与合作，也存在一定的隔阂和差异。圈层类短视频正是基于这一社会现象而兴起的一种视频形式，通过展示不同圈层的生活片段、趣闻轶事，让观众能够更直观地感受到不同圈层的魅力和特点。

这条短视频中，创作者从配材开始，经过精细的制作流程，直至最终成品的呈现，完美复刻了动漫《樱桃小丸子》中的美食，成功吸引了众多二次元爱好者和美食爱好者的目光。这样的创作不仅展现了创作者的精湛技艺，更让观众惊叹二次元来源于生活，如图 4.4-7 所示。

图 4.4-7 案例展示

▶ 4.4.8 生活类

在快节奏的生活中，生活类短视频以其独特的魅力，为我们打开了一扇窥探日常美好的窗口。从烹饪教程到家居装饰，从旅行见闻到生活小技巧，它们不仅丰富了我们的视野，更让我们感受到生活的无限可能。

这条短视频中，创作者带我们欣赏贵州大山的风景，领略当地独特的民族文化。每一帧画面都仿佛是一幅动人的画卷，治愈人们的心灵，让人从大自然中获取能量，如图 4.4-8 所示。

图 4.4-8 案例展示

4.4.9 搞笑类

在紧张忙碌的生活间隙，搞笑类短视频以其诙谐幽默的方式，为我们带来欢乐与轻松。无论是搞笑模仿、幽默段子还是趣味挑战，它们总能让人捧腹大笑，释放压力，为生活增添一抹亮色。

这类短视频通常汇集猫咪们在日常生活中的呆萌瞬间和搞笑片段。比如，视频中，两只猫咪吵架，吵着吵着，一只猫咪先被气过了头，瘫倒在地。这些日常场景总能让人忍俊不禁，也赢得了无数观众的喜爱，如图 4.4-9 所示。

图 4.4-9　案例展示

4.4.10 影视类

影视解说类短视频以其精练的解读和独到的观点，带领我们迅速领略影视剧的精彩。无论是深度剖析还是趣味解读，它们都能为我们打开一个新的视角，让我们在短暂的时间内收获满满的影视乐趣或者从中领悟到影片所想表达的人生哲理。

这条短视频中，创作者开辟独特的赛道，以端妃视角打开《甄嬛传》。语言幽默风趣，令人捧腹大笑的同时，通过端妃的眼睛，我们窥见了宫廷斗争的另一面，感受到了不同人物之间的复杂情感和权谋较量。这样的解说不仅让《甄嬛传》这部经典之作焕发出新的魅力，也让观众在轻松愉快的氛围中获得了更丰富的观影体验，如图 4.4-10 所示。

图 4.4-10　案例展示

4.5 三大选题法

短视频的内容选题对于短视频至关重要，它们不仅为创作者提供了明确的创作方向，还能精准定位目标受众，提升内容质量，满足观众需求，进而增强短视频的吸引力和传播效果。

▶ 4.5.1 节假日热点

利用节日热点作为短视频内容，通过节日特有的氛围和话题，吸引观众的注意力。无论是分享节日习俗、DIY教程，还是节日特惠信息，这类视频都能迅速抓住观众的兴趣，提升互动率和关注度，如图4.5-1所示。

图 4.5-1 案例展示

▶ 4.5.2 选取精彩片段

选取网上视频中的精彩片段作为短视频内容，可以快速吸引观众的注意力。这种方法通过提炼精华部分，使视频更具吸引力和传播性，适合用来分享有趣的、感人的或教育性强的内容，提升观众的观看体验，如图4.5-2所示。

图 4.5-2 案例展示

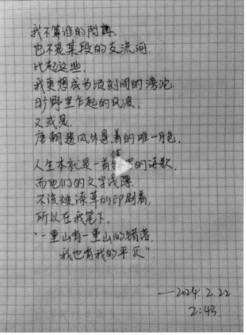 4.5.3 情感共鸣

选择能够引起观众情感共鸣和共情的题材，让观众能够产生共鸣和情感连接，增加视频的观看和分享度。比如，励志故事、感人瞬间、温馨亲情等，如图 4.5-3 所示。

图 4.5-3　案例展示

4.6　7 个制作步骤

要想做好短视频，关键还在于视频内容本身，而内容的制作并非一蹴而就，它需要精心策划和细致打磨。下面，将为大家介绍七个制作短视频的关键步骤，帮助打造引人入胜的短视频内容。

第一步，明确目标受众。在开始制作之前，首先要明确视频的受众群体，这样才能根据他们的兴趣和需求来定制内容。

第二步，策划内容主题。选择一个独特而有趣的主题，确保它能够引起观众的好奇心，同时与受众目标紧密相关。

第三步，编写脚本。一个好的脚本是视频的灵魂，它应该简洁明了，同时包含引人入胜的叙述和对话。

第四步，准备拍摄设备和场景。确保准备好了合适的拍摄设备以及辅助性工具，此外选择一个适合主题的场景进行拍摄。

第五步，进行拍摄。在拍摄过程中，要注意镜头的稳定、画面的清晰以及演员的表现，演员需要找合适的，不只是需要颜值，确保每一个细节都能达到最佳效果。

第六步，后期制作。利用专业的视频编辑软件如剪映、Pr 等，对拍摄素材进行剪辑、配音、配乐等处理，使视频更加生动有趣。

第七步，发布和推广。将制作完成的视频发布到各大短视频平台，并通过社交媒体等渠道进行推广，吸引更多的观众观看和分享。

通过这七个步骤的精心制作，就能够打造出引人入胜的短视频内容，吸引更多的观众关注和喜爱。记住，好的内容才是短视频成功的关键。

4.7 1 条黄金公式

制作爆款短视频的一条黄金公式是：5 秒注意力 +10 秒反转 +15 秒互动。

在短视频的开头 5 秒钟内，抓住观众的注意力是至关重要的。这段时间决定了观众是否会继续观看视频。可以通过强烈的视觉效果、悬念设定或者情感共鸣来实现这一点。例如，使用快速剪辑、有趣的画面或令人惊讶的场景，提出一个引人入胜的问题或展示一个未解的谜团等。

接下来的 10 秒钟是视频的核心内容部分，通过一个出乎意料的反转来保持观众的注意力并增加视频的趣味性和吸引力。可以采用剧情反转、视觉反转或者情感反转的方式。比如，故事情节突然转折出乎观众的预料，画面内容突然变化带来视觉上的冲击感等。

最后的 15 秒钟是引导观众互动的关键时刻，通过有效的互动设计，可以提升视频的参与度和传播力。直接邀请观众在评论区分享他们的观点或经验，或者提出一个有趣的问题让观众在评论区回答，增加观众的参与感。

4.8 8 种方法取出一个好标题

在短视频创作中，标题如同门面，至关重要。接下来，我们将探讨八种巧妙方法，助您提炼出引人入胜的短视频标题，吸引更多观众驻足观看，共同感受视觉盛宴的魅力。

▷ 4.8.1 热梗法

在当今信息爆炸的时代，热词成为引领潮流的风向标。一个应用网络中的热词型标题，都是蹭热点提升热度的方式，如"工头版 # 张元英转圈"，博主发布自己模仿张元英转圈跳舞视频的合拍，左上角是源视频，中间是博主自己，不仅紧跟娱乐热点，更能迅速吸引眼球。

▷ 4.8.2 提问法

提出一个引人深思的问题，能够激起观众的好奇心和思考欲望。比如，"为什么某某现象会发生？""你知道多少 XX 小技巧？"等。这些问题不仅引人入胜，更能吸引观众，视频播放效果会更好。

4.8.3 干货法

采用干货法取标题，力求直接、实用，如"职场晋升秘诀全攻略""高效学习法助你事半功倍"。这种标题风格直击读者需求，提供有价值的信息，让读者一目了然，迅速找到所需内容。

4.8.4 数字法

使用数字化的词语，能够迅速捕获观众的注意力，并帮助他们轻松记住和分享内容。例如，"掌握 10 种令人惊叹的美食制作方法""揭秘 5 个让你眼界大开的生活小窍门"。因此，在内容中涉及数据时，采用数字法无疑是一个明智的选择。

4.8.5 争议法

提出一个有争议性的观点或主题，能够引发观众的讨论和争议，增加视频的关注度。比如，"为什么某某现象并不那么美好？""某某事情是否真的是对的？"等。

4.8.6 好奇法

当内容平淡无奇时，一个充满好奇心的标题能够瞬间点燃读者的探索欲望。从"为何这些秘密从未被揭示？"到"你绝对想不到的 XX 大揭秘"，用好奇法打造的标题，就能瞬间吸引观众的好奇心，激发他们观看的欲望。

4.8.7 震惊法

使用一些令人难以相信的标题，这些令人咋舌的标题犹如磁石般吸引着观众的目光，让人不禁想要一探究竟。如"50 元花一周""花 10 元做一顿饭"这些令人难以相信的标题，正是利用了人们的好奇心和探索欲，成功吸引了观众的关注。

4.8.8 比较法

在对比中凸显差异，例如"毕业后前后反差""减肥前后对比图"，这种鲜明的对比不仅激发了观众对不同观点的思考与讨论，更激发了观众对于变化和挑战的好奇心。

第 5 章

爆款短视频的流量密码

在追逐短视频创作高峰的道路上，寻找并掌握爆款短视频的流量密码是每位创作者都渴望的。接下来，本书将带领大家深入解析这些流量密码，从内容策划到观众互动，从创意表现到数据分析，揭示爆款短视频背后的成功秘诀。

5.1 推荐机制

当我们沉浸在短视频的海洋中，是否曾好奇为何某些视频总能迅速吸引我们的眼球，成为我们分享和讨论的热点？这背后，正是短视频平台强大的推荐机制在发挥作用。

短视频平台的推荐机制，如同一双智能的眼睛，时刻注视着每一位用户的行为和兴趣。基于关注用户点赞、评论和分享等数据，推荐机制能够为用户量身定制个性化的内容推荐列表。虽然这些数据会不断变化，但是它的数据占比是相对固定的，分析占比是进行视频数据复盘的重要依据，而这占比分别是完播率、点赞率、转发率、评论率、收藏率。

不同的平台在这些数据占比上会有所不同，例如抖音平台是完播率 > 点赞率 ≥ 评论率 > 转发率，而 B 站则是转发率 > 完播率 > 评论率 > 点赞率 > 收藏率。而不同时长的视频数据占比也不一样，如表 5.1-1 所示。

抖音不同视频时长数据占比表			
7~10s	完播率 > 60%	点赞率 > 5%	评论率 > 5%	转发率 > 0.4%
15~25s	完播率 > 45%	点赞率 > 4%	评论率 > 4%	转发率 > 0.3%
25~30s	完播率 > 35%	点赞率 > 4%	评论率 > 3%	转发率 > 0.3%
40~60s	完播率 > 30%	点赞率 > 3%	评论率 > 2%	转发率 > 0.3%
60 以上	完播率 > 25%	点赞率 > 2%	评论率 > 2%	转发率 > 0.2%

表 5.1-1　不同视频时长数据

知识扩展

● 完播率：指视频被用户完整观看的比例，它反映了视频内容的吸引力和用户观看的完整程度。

● 点赞率：指观众在观看视频后给予点赞的比例，它反映了观众对视频内容的认可程度和喜好程度。

● 评论率：指观众在观看视频后发表评论的比例，它反映了观众对视频内容的参与度和互动意愿，是评估视频受欢迎程度的重要指标之一。

● 转发率：指用户将某个内容（如文章、视频等）分享或转发至其他平台或个人的频率，反映了内容的传播效果和用户的分享意愿。

● 收藏率：收藏率是指用户将特定内容（如文章、视频、图片等）添加到个人收藏夹的比例，反映了用户对内容的兴趣和长期保存意愿。

5.2 完播率

完播率是衡量观众是否对视频内容感兴趣和满意的重要指标之一。完播率高意味着观众持续关注视频，对内容产生了兴趣，并愿意观看到结束。完播率的高低反映了视频内容的吸引力和质量，要想让观众完整地观看并沉浸于您的视频，关键在于制作内容时的精准把控和吸引力打造。接下来，我们将探讨如何优化视频内容，以显著提升完播率。

5.2.1 画面构图

不同的画面构图，视觉效果也不一样，常见的短视频构图类型有下列 3 种。这些构图方式并不是孤立的，可以多种结合使用，根据具体的拍摄内容和场景来选择最合适的构图方式，以达到最佳的视觉效果和表达效果。

1. 中心构图

中心构图是将主体放在画面的正中心，强调主体的存在感和重要性。这种构图方式简单直接，能够迅速吸引观众的注意力，适合各种拍摄场景和主题。

如图 5.2-1 所示，销售拍摄稳定器的官方发布短视频，指导用户如何使用稳定器拍摄视频，并包含视频构图的教程介绍。视频中详细讲解了中心构图的拍摄方法，这种构图技巧能够确保主题的核心位置得到突出，让观众能够完整、清晰地观看主题内容。

图 5.2-1 案例展示

2. 三分法构图

三分法构图，也称为"井字构图"。将画面想象成被两条垂直线和两条水平线等分为九个区域，重要的元素或焦点应被放置在这些线条的交点或附近。这种构图方式能够增强画面的平衡感和空间感。

如图 5.2-2 所示，视频中详细讲解了三分法构图的拍摄方法，这种构图技巧可以有效地增强照片的空间感。在拍摄风景、建筑等场景时，将地平线或建筑线条放置在画面中央，可以营造出更加广阔的空间感，增强照片的立体感和深度。

图 5.2-2 案例展示

3. 框架构图

框架构图利用画面中的自然或人造框架来包围或突出主体。这种构图方式能够增加画面的层次感和深度，同时引导观众的注意力。在短视频中，可以利用建筑物、门窗、植物等作为框架，将主体人物或物体放置在框架内部或靠近框架，从而营造出具有艺术感的画面效果。这种构图方式常用于拍摄人物特写、风景等场景。

如图 5.2-3 所示，视频中详细讲解了框架构图的拍摄方法，框架构图是一种非常有效且富有创意的构图技巧，它通过在画面中设置一个或多个"框架"来引导观众的视线，从而突出主题或营造特定的氛围。

图 5.2-3　案例展示

▶ 5.2.2 画面质量

在短视频创作的道路上，提升画面质量是每位创作者不断追求的目标。画面质量不仅关乎观众的视觉享受，更是传递情感和故事的关键。接下来，我们将探讨一系列提升短视频画面质量的技巧和方法。

> **知识扩展**
>
> ● 画幅比例：画幅比例常见的有 16：9（横屏）和 9：16（竖屏）。其中，16：9 画幅适合在电脑端播放或对清晰度有高要求的场景；而 9：16 画幅则更适合手机观看和社交平台发布。
> ● 滤镜：用于改善或增强视频画面效果的工具，如自然风景可用自然色调滤镜，城市街景可用黑白或夜景滤镜，人物肖像则适合柔光或美颜滤镜。这些滤镜能显著提升视频的画面质量。
> ● 背景：背景应简洁无干扰，光线适宜。同时，还需遵守平台规则，确保内容合法合规。

▶ 5.2.3 话题感

利用共鸣感和好奇心制造共同话题，能够迅速拉近人与人之间距离的沟通技巧，通过找到大家都感兴趣或有共鸣的话题，促进交流和互动。在短视频创作中，抓住这两点，可以有效提升观众的参与度和黏性。

1. 共鸣感

制造共鸣感是短视频创作的关键，通过触动观众的情感和经历，让他们产生共鸣，能够增强视频的吸引力和传播力。抓住共鸣感，可以使观众更深刻地记住你的内容，并积极参与互动。

博主"凳子凳子"以一人多角色扮演的拍摄方式，演绎成都人的生活状况，不仅展现了地道的成都方言和生活习惯，还结合生活经历，让观众在欢笑中感受成都的城市文化。如图 5.2-4 所示，这些贴近生活的情景，不仅让观众能从中找到熟悉的成都印象，还能感受到浓浓的地域特色和生活趣味。

2. 激发好奇心

通过设置悬念或提出引人入胜的问题，让观众产生探索的欲望。无论是视频开头的神秘画面，还是故事中的意外转折，都是引导观众继续观看的重要手段。

博主"我是不白吃"的视频几乎都是用设问的标题方式来吸引观众好奇心。"熊熊的熊掌真的美味吗？""猪猪这么聪明，为什么不能去和警犬当同事？"给观众设置问题，激发好奇心，在视频中一步步揭示答案，如图 5.2-5 所示。通过这种方式，观众会被引导观看整个视频，直到结局才恍然大悟。

图 5.2-4 案例展示

▶ 5.2.4 BGM

在短视频制作中，选取合适且具有节奏感的背景音乐（BGM）至关重要。恰当的 BGM 不仅能增强视频的情感表达，还能吸引观众的注意力，提升整体观看体验。通过与画面节奏的完美契合，BGM 能使短视频更具感染力和吸引力。

1. 合适的背景音乐

在短视频制作中，选择好听且合适的背景音乐（BGM）是提升视频质量的关键因素。恰当的 BGM 不仅能增强情感表达，还能与画面完美契合，使视频更加生动有趣，吸引观众持续观看。

博主的视频只是拍摄大雪日常，配了一个喜欢的 BGM，但这一条视频点赞量却高达 62.5 万，如图 5.2-6 所示。点赞量高不只是内容选择雪景，也在于 BGM 合适。内容和 BGM 完美配合，激发了观众的互动行为。

图 5.2-5 案例展示

图 5.2-6 案例展示

2. 适当的停顿、节奏感

在短视频制作中，背景音乐（BGM）恰到好处的停顿能突出视频重点，例如：人行走在木板上的声音，突然关门声等。而富有节奏感的音乐能增强观众的观看体验，使视频更具吸引力和感染力。

如图 5.2-7 所示，博主"无糖蕉蕉"独辟蹊径，专注于抖音上少有的游戏 NPC 剧情赛道，通过精准的按键声与恐怖的音效，巧妙营造紧张氛围，引领观众以第一视角沉浸式体验游戏世界。她的视频结尾更是别出心裁，剧情反转令人眼前一亮，为观众带来意想不到的惊喜。

图 5.2-7 案例展示

▶ 5.2.5 站内扶持

抱大腿是一种俚语，指的是在某个领域或平台上寻求他人的支持、合作或帮助，以获取更多的机会或资源。在创作短视频过程中，抱平台大腿可以理解为与视频平台建立良好的合作关系，利用平台的资源和支持，提升自己的视频曝光和影响力。

主动与视频平台进行合作，参加平台举办的活动、比赛或推广计划，与平台建立良好的合作关系，获取更多的曝光和资源支持；积极参与平台社区，与观众和其他创作者进行交流互动，增加视频的互动度和关注度，获得平台的推荐和支持；利用视频平台提供的工具和功能，比如推广渠道、付费推广、数据分析等，提升视频的曝光和传播效果，获得更多的观看和分享。

通过以上方法，可以有效地抱平台大腿，与视频平台建立良好的合作关系，提升自己的视频影响力和曝光度。

5.3 点赞量

点赞量是衡量视频受欢迎程度和观众对内容认可程度的指标。点赞通常表示观众对视频的喜爱和支持，也是对内容创作者的一种肯定。

接下来，我们将探讨如何优化视频内容，以显著提升点赞量。

5.3.1 获得支持

能获得点赞的内容范围很大，或许是视频内容给观众带来了价值，或许是通过讲述大众现象而获得观众认同，或许只是单纯由于创作者的专业性得到了观众的认同。

在提升点赞量一点上需要的就是正确表达并支持观众的观点和行为，让他们感受到共鸣和支持。批评一些不合理的社会现象，表达观众可能不敢直接表达的观点，赢得他们的认同。

博主视频因演绎生活中的搞笑瞬间，获得观众共鸣而火爆，收获了一大波粉丝。如图 5.3-1 所示，在这条视频中，她演绎与闺蜜出门的尴尬瞬间，这是大多数女生都会遇到的情景，因此得到许多观众的支持并点赞。

图 5.3-1 案例展示

5.3.2 获得共识

勇于表达自己的真实情感，内容与观众产生深度共鸣，触及他们内心的共识，以打动观众的心灵。

博主描述大众的现象——过于在意别人的眼光以压抑自己，来劝解观众专注于自己，他人的眼光并不重要，如图 5.3-2 所示。这个是大多数观众在生活中都会被困扰的问题，博主表达了自己的观点并鼓励观众，让观众获得了共鸣感，以此点赞来表达自己对博主的认同。

图 5.3-2 案例展示

图 5.3-3　案例展示

▶ 5.3.3 剧情反转

通过精心设计剧情，让故事在关键时刻发生意想不到的反转，不仅能够让观众沉浸在视频的紧张刺激中，更能激发他们的情感共鸣，促使他们点赞并分享给更多人。

创作短视频内容时，加上独有的创意，能够给予剧情想不到的反转，如图 5.3-3 所示，女主被男主所吸引，忍不住跟随于他，直到最后，男主葬身于火场，而女主从火场的灰烬中捧出了——一只烤鸭？！这样的剧情反转令人哭笑不得，看开头本以为是恋爱脑一枚到最后原来是烤鸭宣传，这个反转博得观众一笑，也换得了超高的点赞量。

5.4　转发量

转发量是衡量视频传播效果和共享程度的指标。高转发量意味着视频内容具有传播性和社交性，能够引发观众的分享和传播行为。

图 5.4-1　案例展示

▶ 5.4.1 引导粉丝转发

想要提升转发率，关键在于触动粉丝的内心，让他们觉得分享是一种自然的表达。

如图 5.4-1 所示，在这条视频中，博主创作一些具有祝福含义的视频，利用观众传递祝福的心理，达到让观众转发的目的。

▶ 5.4.2 危害性知识

在信息快速传播的今天，人们越来越注重自身和家人的安全与健康。因此，当短视频内容聚焦于危害性知识时，它能够迅速触及观众的内心，激发他们强烈的共鸣和关注。这类视频不仅能够为观众提供实用的防范知识，还能通过分享帮助更多人避免潜在的风险。

如图 5.4-2 所示，在这条视频中，博主为观众介绍现在的新型骗局，提醒大家提防并注意人身安全，此类视频会让观众十分乐意转发给身边人，提醒身边的朋友注意安全。

▶ 5.4.3 圈子类型

圈子类型是指由一群具有共同兴趣、爱好、目标或社会关系的人组成的社交群体。这些圈子以其独特的魅力和价值吸引着志同道合的人们，例如游戏圈、美妆圈、古风圈等。

如图 5.4-3 所示，这是一条《咒术回战》动漫的混剪视频，主要吸引动漫爱好者和《咒术回战》动漫粉丝。视频内容包括动漫中出现的大部分主角，并加以一定的镜头特写添加趣味。动漫爱好者看到喜欢的就会点赞，而动漫粉丝看到喜欢的主角则会点赞转发给同样的爱好者，扩大视频热度。

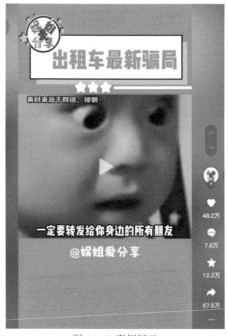

图 5.4-2 案例展示

图 5.4-3 案例展示

5.5 评论量

评论量是衡量视频互动性和引发讨论程度的重要指标。高评论量意味着视频内容能够引发观众的反馈和讨论，具有一定的深度和引导性。

▶ 5.5.1 部落效应

部落效应指的是个体在不知不觉中将自己归为某一个团体里面，从而与另一个团体对抗的现象。例如绿豆稀饭是红色的还是绿色的？这类具有争议的话题会让观众们形成讨论，往往会分成几种看法，观众会加入与自己具有相同看法的阵营。

如图 5.5-1 所示，综艺节目中谈到绿豆汤，引发了现场嘉宾们对绿豆汤颜色的南北之分，南方绿豆汤绿色，北方绿豆汤红色，双方各持己见，网上也争论不休，引得观众们纷纷都转发给朋友站队。

▶ 5.5.2 激发观众表达欲

通过向观众提问或者向观众求助、评价等方法来激发观众的表达欲，让观众勇于表达自己的真实情感，同时让观众有参与感，使观众更加投入和关注视频内容，这是一种在短视频创作中非常有效的策略。

如图 5.5-2 所示，视频中是一个服装测评博主，博主每个视频结尾都会征集粉丝们想要她下回测评什么服装，并在视频中发表自己的看法，最后让观众在评论区留言更喜欢哪件衣服，以此来达到让观众表达自己想法的效果。

图 5.5-1 案例展示　　　　　　图 5.5-2 案例展示

5.5.3 与观众互动

当短视频想要吸引更多观众的关注和参与时，与观众的互动显得尤为重要。通过巧妙设置话题、及时回复评论、引导观众参与讨论，我们不仅能够拉近与观众的距离，还能有效提高视频的评论量，使内容更加生动有趣。

如图 5.5-3 所示，视频中展示了几个不同景点的风景，向观众提问最想去哪，并在文案中让观众们艾特想一起去的朋友，以此来增加评论量。

图 5.5-3 案例展示

5.5.4 粉丝福利

评论区随机抽奖、留言抽奖、奖励互动等都可以十分有效地让观众在评论区留言，同时也会为创作者留住粉丝。

如图 5.5-4 所示，视频中展示的就是游戏玩家在评论区留言，即可参与抽奖，这让许多游戏玩家纷纷留言，希望能够得到奖励，这不仅提升了视频的互动率，也让粉丝们感受到了被重视和尊重的感觉。

图 5.5-4 案例展示

同时，这种粉丝福利的发布方式也进一步拉近了创作者与粉丝之间的距离。通过抽奖活动，粉丝们有机会获得心仪的奖励，而创作者也能够更加深入地了解粉丝们的喜好和需求，从而创作出更符合粉丝口味的视频内容。

5.6 收藏量

当观众对某个视频的内容、风格或信息产生浓厚兴趣时，他们往往会选择将其收藏，以便随时回顾或分享给朋友。因此，创作高质量、具有独特魅力的短视频，是提升收藏量的关键。

▶ 5.6.1 有价值

当观众觉得视频内容对他们有用、能解决问题或提供新的见解时，收藏的意愿会显著提高。例如，一位健身博主分享了一系列关于如何在家进行有效锻炼的视频，每个视频不仅详细讲解了动作要领，还提供了科学的健身建议。由于这些内容切实帮助了很多人解决了无法去健身房的困扰，观众纷纷收藏这些视频以便日后参考。

这种具有实际价值的内容，不仅提升了视频的收藏率，也增加了观众的忠诚度和信任感。

如图 5.6-1 所示，视频中展示了博主为大家讲述爆款博主的创意视频是怎么剪辑来的，从拍摄到后期剪辑合成都十分详细，由于这些内容帮助了很多想制作同款但无从下手的观众，观众们就会纷纷收藏这些视频以便日后学习创作同款。

图 5.6-1 案例展示

▶ 5.6.2 攻略准备

创作者可以创作计划攻略类的视频内容，这类视频为观众提供了实用的步骤和清晰的指引，能让他们在需要时方便地参考和应用。这类视频，不仅增加了视频的收藏率，还提升了博主的专业形象和观众的信赖度。此外，将有用的知识放进同一个合集或者主页，有利于提升粉丝量。

如图 5.6-2 所示，一位旅游博主制作了一系列关于热门旅游目的地的详细攻略视频，每个视频都包括行程安排、必去景点、美食推荐和预算建议。由于这些攻略内容详尽实用，观众们在计划出行时会反复观看并收藏这些视频，以确保旅行顺利。

图 5.6-2 案例展示

▶ 5.6.3 生活技巧

以生活技巧为主题，我们可以深入挖掘并分享那些能够帮助大家快速解决小麻烦的方法。这样的选题不仅多样，能够持续激发创作灵感，避免内容枯竭，还能为观众提供实用价值，进而吸引并收获一批忠实的粉丝。

比如，分享一个快速折叠衣物的技巧，通过简短的步骤演示，让观众学会如何在短时间内整理好衣柜，这样的视频内容既实用又吸引人，自然能够激发观众的收藏欲望。

如图 5.6-3 所示，博主讲述了一系列关于生活技巧的详细攻略视频，例如：美妆蛋可以用来收纳耳钉，用化妆刷清理梳子。由于这些生活小技巧在生活中经常会用到，所以观众们纷纷表示这些视频内容既实用又有趣。

图 5.6-3 案例展示

5.7 复盘数据

复盘是指在短视频制作和发布后，对视频内容、观众反馈以及效果进行全面评估和分析的过程。

复盘短视频数据能帮助我们深入了解观众喜好、视频表现，发现潜在问题，评估运营效果。通过数据分析，我们可以快速识别哪些内容受欢迎，哪些策略有效，从而优化内容创作和运营策略，持续提升短视频的质量和影响力。

5.8 追踪热点

热点通常指的是某个特定时间段内引起广泛关注和讨论的话题、事件或现象。这些话题或事件通常具有引人关注、影响力大、广泛传播的特点，能够在社会、网络和媒体上引起热烈的讨论和关注。

假如你是服装行业，某明星穿搭上热搜，蹭穿搭话题；某技术上热搜，如光电变身，蹭变身后穿搭热点；某节日如圣诞节上热搜，蹭节日热点的同时，可以讲圣诞节约会怎么穿搭。

知识扩展

有三种热点不建议蹭。国家政策新闻热点、法律法规，民生纠纷热点，与自己账号行业相差太远的热点。

5.9　粉丝私域引流

私域引流指通过粉丝群、社交媒体关注者或其他渠道，将短视频推送给这些对视频感兴趣并关注账号的用户，以增加视频的播放量、曝光度和互动率。以下是一些可以帮助将粉丝转化成私域流量的方法：

通过精心策划社群内容，利用优惠活动和激励机制吸引粉丝参与，增强粉丝黏性。同时，制作易于分享的内容，鼓励粉丝自主传播，扩大私域流量的影响力。此外，跨平台整合策略能进一步增加私域流量的来源，提升社群运营的整体效果，实现粉丝的有效转化和社群价值的最大化。

第6章
短视频变现的N种方式

　　短视频变现对于内容创作者来说是一种盈利和发展的重要途径，可以帮助他们获得经济回报、持续发展、获取商业机会，激发创新和竞争力，从而推动整个短视频行业的发展和进步。

6.1 广告变现

广告变现指的是通过在短视频、网站、应用程序或其他数字媒体平台上展示广告，并从广告主获得收入的一种盈利模式。简单来说，就是通过将广告内容嵌入到自己的媒体内容中，吸引广告主购买广告位，从而获取广告费用的过程。

6.1.1 合作品牌选择

选择与你视频内容相关性高、受众重合度高的合作品牌，增加广告合作的成功率和收益水平。当广告内容与短视频的主题、风格或情感基调相契合时，能够减少短视频中插入广告的突兀感，提升观众的观看感，也更有可能让人接受并记住这些广告信息，更容易增强品牌在观众心中的印象和关联度。

此外，受众重合度高意味着能够将广告信息更有效地传达给潜在消费者，从而增加广告的点击率、购买率等关键指标，也会增加创作者广告合作的成功率和收益水平。

6.1.2 广告变现流程

如何通过短视频广告实现变现？从创意策划、视频制作到发布推广，再到最终的收益实现，每一步都有关键技巧。让我们一起深入了解，掌握这套流程，开启变现之旅，如图 6.1-1 所示。

1. 沟通各方预算

当广告主想要找达人投放广告时，需要沟通双方的需求，广告预算和推广需求以及创作达人需要满足的条件要求，这样才能达到双方都满意的合作。

> 沟通各方需求

2. 方案创作、拍摄

达人与广告主沟通短视频方案，并对短视频方案进行拍摄。

> 方案创作、拍摄

3. 投放广告、后期宣传

短视频制作好了后，投放到达人的短视频平台，看后台数据反映，并对后期效果进行宣传。

> 投放广告、后期宣传

图 6.1-1 流程图

6.1.3 选择合适的广告形式

根据短视频内容和观众特点选择合适的广告形式，如插播广告、悬浮广告、原生广告等，提高广告变现效果。

1. 插播广告

适用场景：内容较长、具有多个逻辑分段点的视频。

特点：在视频中间某个自然分段点插入广告，观众须观看一定时长的视频后才能看到广告。

优点：由于广告出现在观众已经投入一定时间和注意力的阶段，所以广告接受度较高。

TIPS：须避免在视频高潮或关键部分插入广告，以免影响观众体验。

2. 悬浮广告

适用场景：希望保持观众注意力在视频内容上的场景，如教学、游戏类等。

特点：广告以半透明或小窗口的形式悬浮在视频上，不影响观众观看视频主体内容。

优点：广告展示时间长，同时不影响视频观看体验。

TIPS：广告内容需简洁明了，避免过度遮挡视频内容。

3. 原生广告

适用场景：内容多样、风格各异的短视频平台。

特点：广告以类似视频内容的形式出现，融入整个视频观看流程中，观众难以区分广告和正常内容。

优点：广告接受度高，观众容易将其视为视频内容的一部分。

TIPS：需确保广告内容与视频主题相关，避免误导观众。

6.2 种草变现

短视频广告变现中，种草变现是一种有效的方式。通过生动有趣的视频内容，展示产品的独特卖点和使用效果，能激发观众的购买欲望，实现广告效益和销量的双重提升。

视频达人通过向观众们种草，刺激观众们进行消费，观众们购买商品的同时，为广告主带来消费用户，实现视频达人与广告主共赢。

博主的视频中巧妙衔接了广告。先是展示了职场上甲方要求乙方修改方案的常见现象，引起观众的共鸣，吸引观众继续观看。当主角因熬夜修改方案而熬出黑眼圈时，屏幕上适时展示了产品广告，如图6.2-1所示。整个视频巧妙地植入了广告，自然而不突兀。

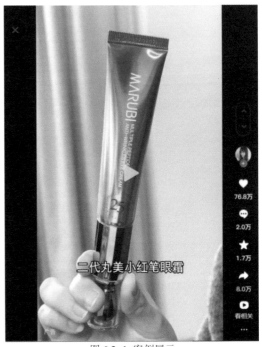

图 6.2-1 案例展示

6.3 付费订阅

短视频付费订阅是指观众通过支付一定的费用，获取对某个短视频创作者或平台的订阅权利，从而获得独家或特别内容、服务或特权的一种方式。简单来说，观众通过订阅付费获得额外的独家或高级服务和内容。

短视频付费订阅通常包括以下特点：

●独家内容：订阅付费观众可以获得创作者或平台提供的独家内容，这些内容通常不对普通观众开放。

●特别服务：订阅付费观众可以享受到特别的服务或特权，如优先观看、VIP 活动参与、专属客服等。

●取消订阅：订阅付费观众可以随时取消订阅，不再继续支付费用，并失去订阅权益。

短视频付费订阅模式在一些短视频平台上逐渐流行起来，成为一种常见的变现方式之一。对于创作者或平台来说，付费订阅模式可以为其提供稳定的收入来源，同时也能够吸引粉丝和观众更加积极地参与。

6.4 电商推广

在视频中推广产品或服务，引导观众购买，获得销售提成或合作费用。

短视频电商推广是指利用短视频平台，通过展示产品、介绍商品特点、演示使用方法等方式，向观众推广和销售商品或服务的一种营销方式。简单来说，就是通过短视频内容来进行电商产品的推广和销售。

通过短视频电商推广，商家可以借助短视频平台的流量和观众群体，提升商品的曝光度和销售效果，实现线上电商销售的目标。对于观众来说，也可以通过短视频了解到更多有趣的产品和购物信息，提升购物体验和满足感。

6.5 直播变现

通过短视频直播销售商品或服务，获得直播礼物、打赏或销售收益。

短视频直播变现是指通过直播平台进行实时传输和展示商品、服务等内容，以实现收益或盈利的一种商业模式。其核心在于通过主播，将商品或服务与观众进行连接，通过直播平台上的实时互动，引导观众进行购买行为或支持主播，从而带动主播及商家的盈利。

通过短视频直播，主播与观众之间可以即时沟通，观众可以通过弹幕、点赞等方式参与直播，这种即时的反馈机制能够有效促进商品或服务的销售。

如图 6.5-1 所示，博主通过现场在线直播展示驱蚊商品的外观、特点、功能等，让观众直观了解商品。同时为观众演示商品的使用方法、让观众更加了解商品的实际效果和使用体验。

图 6.5-1 案例展示

6.6 品牌合作

品牌合作是指与品牌或商家进行合作，通过在短视频内容中展示、推荐、介绍品牌产品或服务，从而获取合作费用或销售提成的一种合作方式。通过合作与品牌共同推广产品或服务，实现双方的共赢。

总的来说，短视频变现品牌合作是创作者与品牌进行合作，通过推广品牌产品或服务，实现共同的营销目标和经济收益的一种合作模式。这种合作方式可以为创作者提供稳定的收入来源，同时也能够帮助品牌提升市场影响力和销售业绩。

品牌合作可以提高品牌的知名度和曝光度，增加产品的销量和市场份额。同时也可以帮助创作者获取更多粉丝和观众关注，提升影响力和收入来源，如图6.6-1 所示，视频中详细讲解了奶茶与游戏联名，为双方带来热度与用户。

图 6.6-1 案例展示

6.7 内容授权

　　内容授权是指将自己制作的短视频内容授权给其他平台、媒体或个人使用，以获取一定的授权费用或版权收益的行为。简单来说，就是将短视频的版权或使用权交给他人，并获得相应的经济回报。

　　短视频变现内容授权是一种常见的变现方式，尤其适用于内容质量高、受欢迎度高的短视频创作者。通过授权自己的视频内容，可以扩大影响力、获取更多观众，并且获得额外的经济收益。同时，也需要注意保护自己的版权和权益，确保合法、合规、合理地进行内容授权。

　　如图 6.7-1 所示，小说平台通过将小说内容授权给视频创作者，创作者在视频中发布部分小说内容作为推广宣传，将观众引流到小说网站或软件，推广小说的同时也吸引了不少新粉丝。

图 6.7-1　案例展示

6.8 付费课程

　　提供付费教学课程或教学视频，获得课程费用或会员费用。短视频变现付费教学课程是指通过收费形式向用户提供关于短视频变现的教学内容、技巧、经验分享以及实操指导的课程。简单来说，就是通过付费获取专业的短视频变现知识和培训服务。

　　短视频变现付费教学课程适用于希望深入学习和掌握短视频变现技能的人群，包括内容创作者、自媒体从业者、电商人员等。通过付费课程获取专业知识和指导，可以帮助他们更快地提升技能水平，实现短视频变现的目标。

6.9 线下活动

　　通过短视频内容吸引粉丝参加线下活动或见面会，收取活动费用或商品销售收益。线下活动是指利用线下场所或活动举办，以推广、变现、营销等为目的，吸引观众参与并获取经济收益或其他形式的资源支持的一种活动形式。

　　总的来说，短视频变现线下活动是一种通过线下实体活动来推动短视频变现和业务发展的方式。通过举办各种形式的线下活动，可以吸引更多观众参与，增加经济收益和资源支持，提升品牌影响力和业务发展效果。

6.10 虚拟 IP

IP 即受众在脑海中对创作者的第一印象。打造 IP 人设可以为短视频带来更多的价值和机会，提升品牌的认知度、影响力和用户黏性，是品牌建设和营销的重要策略之一。

根据品牌定位和目标受众，设定 IP 人设的特征和个性，包括外貌特征、性格特点、行为习惯等。IP 人设的特征和个性应该与品牌形象相契合，具有辨识度和吸引力。

如图 6.10-1 所示，芭比公主系列由芭比品牌推出，显而易见，芭比品牌成功地将芭比公主系列推至全国，使芭比公主成为家喻户晓的角色，连带着衍生出一系列产品。

图 6.10-1 案例展示

6.11 视频号营销

使用视频号营销，利用微信视频号本身自带平台流量与平台交际圈的特点，可以实现品牌传播的最大化，赢得更多受众的喜爱和信任。

6.12 组合营销

组合营销通过多渠道、多手段的综合运用，例如微信公众号、社群、直播、商品组合营销，提升品牌曝光度和市场占有率。巧妙整合各种营销策略，不仅能扩大影响力，还能增强用户黏性和品牌认知度，是实现全面市场推广的重要手段。

第 7 章
爆款短视频制作案例解析

　　本章将深入拆解典型的 AI 短视频案例，探索如何运用
AI 工具制作出爆款短视频。这不仅是对技术创新的解读，更
是对未来视频创作趋势的预见与引领。

7.1 用 AI 替换人物角色

AI 技术问世以来，让娱乐类短视频添加了不少乐趣，例如在本例中利用 AI 技术将视频中的真人一键转成 3D 动漫人物，大大提高了视频制作的效率。

7.1.1 最终效果

在 Motionshop 中上传一段视频，AI 会自动检测视频中的人物，并替换成 3D 卡通角色模型，生成有趣的 AI 视频，如图 7.1-1 所示。

图 7.1-1 最终效果

▶ 7.1.2 操作步骤

步骤 01 打开 Motionshop 网站，Motionshop 界面如图 7.1-2 所示。在导入框内上传一段视频素材，如图 7.1-3 所示，上传后的效果如图 7.1-4 所示。

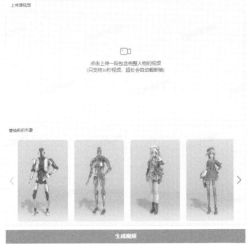

图 7.1-2　Motionshop 界面

图 7.1-3　上传界面

图 7.1-4　上传源视频

知识扩展

　　最好上传全身照，人物是正面站立、身体无遮挡、无俯仰视角，且上传图片若为 AI 数字人，确保手脸无遮挡、无缺陷。

步骤 02 上传源视频后，选择合适的 3D 形象，单击"生成视频"按钮，如图 7.1-5 所示。等待生成，生成后的视频效果如图 7.1-6 所示。

图 7.1-5 选择 3D 形象

图 7.1-6 生成视频效果

步骤 03 打开剪映电脑版，导入所有视频素材，将源视频和结果视频分别拖拽添加到轨道中，呈现上下段的形式，设置画布比例为 9：16，画布中两段视频也调整为上下两部分形式，如图 7.1-7 所示。

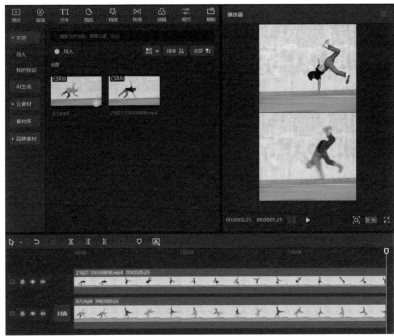

图 7.1-7 导入视频素材

步骤 04 切换到音频板块，搜索"卡点"，在打开的音频列表中进行试听，选择合适的音乐进行下载并添加到轨道中，与视频文件对齐，并将音乐文件多余音频删除，最终效果如图 7.1-8 所示。

图 7.1-8 添加音频轨道

图 7.1-9 添加滤镜、特效

图 7.1-10 导出视频

步骤 05 打开特效库，添加"抖动"特效。打开滤镜库，添加"自然"滤镜，使其与视频时长一致，最终效果如图 7.1-9 所示。

步骤 06 单击剪映界面右上方的"导出"按钮，弹出导出页面，如图 7.1-10 所示，根据需要进行设置，完成后导出制作好的视频，最终效果如图 7.1-1 所示。

7.2 让照片"动"起来

借助 AI 技术，任何人都可以将自己的照片转化为生动的虚拟舞蹈视频。无论是优雅的古典舞、激情四溢的现代舞，还是充满个性的街舞，AI 都能通过其强大的数据处理能力，完美地再现舞蹈的每一个细节和动态。

7.2.1 最终效果

在通义千问中选择喜欢的舞蹈模板，上传一张全身照，AI 会自动检测照片中的人物，并结合舞蹈模板，生成有趣的舞蹈视频，如图 7.2-1 所示。

图 7.2-1　最终效果

7.2.2 操作步骤

步骤 01 打开通义千问 APP，在频道板块找到"全民舞台 - 玩法升级"应用，如图 7.2-2 所示。单击"立即体验"按钮，图 7.2-3 所示。

图 7.2-2 频道界面

图 7.2-3 全民舞台界面

步骤 02 选择喜欢的舞蹈，单击"舞同款"按钮，如图 7.2-4、图 7.2-5 所示。

图 7.2-4 舞蹈模板

图 7.2-5 舞同款

步骤03 在导入框中上传全身照，上传结果如图 7.2-6、图 7.2-7 所示，单击"立即生成"按钮，等待生成，最终视频效果如图 7.2-1 所示。

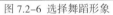

图 7.2-6 选择舞蹈形象　　　　　　　　图 7.2-7 上传舞蹈形象

7.3 用 AI 动态模仿舞蹈动作

利用 AI 技术的一键主体变换功能，对视频中的主体进行变换，可以帮助创作者在短时间内完成主体对象的更换，避免了重新拍摄和后期处理的时间成本，大大提高了创作短视频的效率。

7.3.1 最终效果

在 Viggle 网站上传一张照片和一段视频素材，AI 将会根据视频素材中的动作，为照片中的人物生成一段具有相同动作的虚拟人物视频，视频效果如图 7.3-1 所示。

图 7.3-1 最终效果

7.3.2 操作步骤

步骤 01 准备一张图片和一个视频素材，如图 7.3-2、图 7.3-3 所示。

图 7.3-2　图片素材　　　　　　　　　图 7.3-3　视频素材

建议准备的图片素材背景是白底，以便 AI 能够准确地识别出任务主体。

步骤 02　打开 Viggle 网站，选择 mix 模式，导入已保存好的图像，单击 "background" 输入框，会自动弹出 "White/Green" 选项，选择 "Green" 选项。按照相同的步骤，在 "finetune" 框中选择 "on" 选项，如图 7.3-4 所示。等待生成，保存生成的视频，视频效果如图 7.3-5 所示。

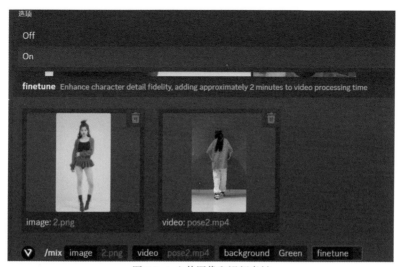

图 7.3-4　上传图像和视频素材

建议生成背景选择绿色，以便后期剪辑软件更好地抠图。

图 7.3-5 生成视频效果

步骤 03 打开 Runway 网站，网站界面如图 7.3-6 所示。单击修复工具，自动进入编辑页面，上传步骤 01 的视频素材并添加到轨道中，如图 7.3-7 所示。

图 7.3-6 Runway 界面

图 7.3-7　上传视频

步骤 04 使用"画笔"工具，对主体人物进行涂抹，如图 7.3-8 所示，涂抹后的效果如图 7.3-9 所示。单击右上角"修复"按钮并对视频进行导出，如图 7.3-10 所示。

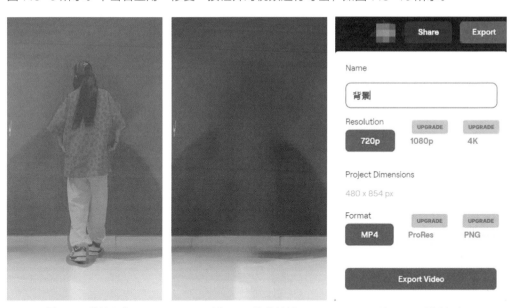

图 7.3-8　涂抹人像　　　　　图 7.3-9　涂抹效果　　　　　图 7.3-10　导出视频

步骤 05 打开剪映，导入所有备好的视频素材并依次添加到轨道中，选择播放器板块，设置画布比例为 9∶16，如图 7.3-11 所示。

图 7.3-11 导入视频素材

步骤 06 勾选"色度抠图"功能对绿幕视频进行抠像，效果如图 7.3-12 所示。

图 7.3-12 抠图效果

步骤 07 选择合适的音频，根据音频选择卡点处对视频进行剪切，如图 7.3-13 所示。

图 7.3-13 剪切视频

步骤 08 打开特效库，添加"虚拟人生"特效。打开滤镜库，添加"景明"滤镜，使其与视频时长一致，如图 7.3-14 所示。

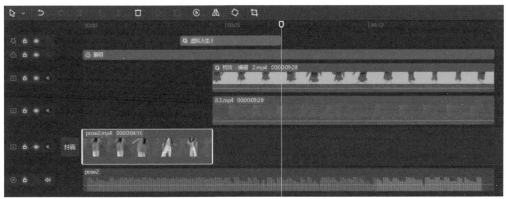

图 7.3-14 添加滤镜、特效

步骤09　单击剪映界面右上方的"导出"按钮，弹出导出页面，如图 7.3-15 所示，根据需要进行设置，完成后导出制作好的视频，最终视频如图 7.3-1 所示。

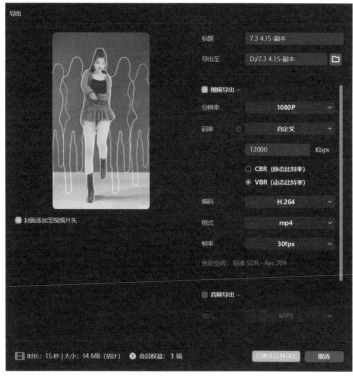

图 7.3-15　导出视频

知识扩展

AI 动态模仿与 AI 替换角色的区别在于：

AI 替换角色主要是将视频中的人物替换成 3D 角色；AI 动态模仿可以将视频中的人物替换成真人角色。

7.4 用 AI 制作瞬息微动画

瞬息微动画以其独特的简洁、明快风格而受到欢迎，能够迅速捕获观众的眼球，并在极短的时间内传达信息或故事。

AI 技术的进步让创作者能够轻松地一键生成瞬息微动画，这些作品不仅充满了创新，还展现了瞬息奇妙世界。

▶ 7.4.1 最终效果

在 Kaiber 中上传一张照片，AI 会以照片中的人物为蓝本，根据所选择的风格，生成人物的瞬息微动画，如图 7.4-1 所示。

图 7.4-1　最终视频效果

▶ 7.4.2 操作步骤

步骤01 打开Kaiber网站，网站界面如图7.4-2所示。选择"Animate Image（图生视频）"模式，上传图像，单击下方"Edit your prompt（编辑你的提示词）"按钮，如图7.4-3所示。

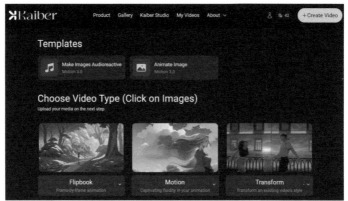

图 7.4-2 网站界面

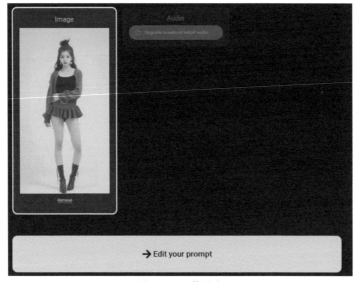

图 7.4-3 上传图片

步骤 02 导入生成的图像后，单击"PROMPT（提示词）"图标，系统会根据图像自动生成提示词，如图 7.4-4 所示。

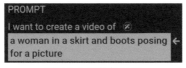

图 7.4-4 反推提示词

知识扩展

　　系统会根据图像自动生成提示词，创作者可以根据右边系统给出的参考以及自己想要的画面对提示词进行修改。

步骤 03 选择合适的风格，单击"Video settings"按钮，如图 7.4-5 所示。

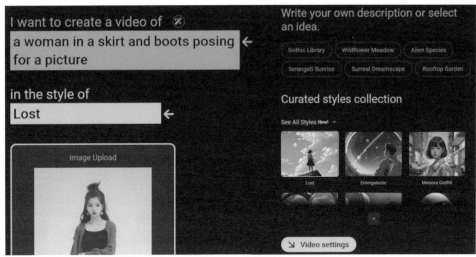

图 7.4-5　选择风格

步骤 04 勾选"Show uploaded image in the first frame(在第一帧中显示上传的图片)"功能，将"Evolve(动画平滑连贯参数)"调整至 10，如图 7.4-6 所示。

步骤 05 单击右下方的"Generate Previews"按钮，如图 7.4-7 所示。

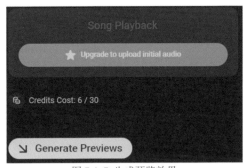

图 7.4-7　生成预览效果

步骤 06 在生成的 4 张图像中，选择最喜欢的一张作为最佳图像视频的关键帧，单击右下方的"Create Video"按钮，如图 7.4-8 所示。等待渲染，效果如图 7.4-9 所示。

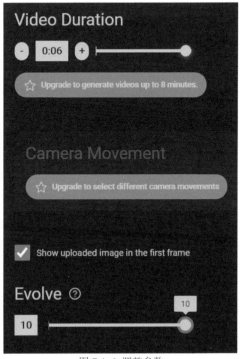

图 7.4-6　调整参数

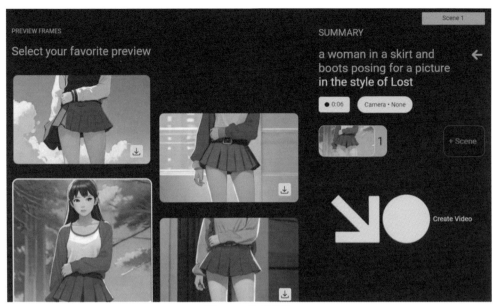

图 7.4-8 选择图像

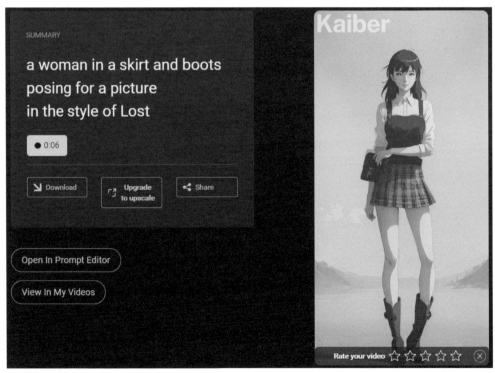

图 7.4-9 保存视频

步骤 07 打开剪映，导入所有备好的视频素材并添加到轨道中，选择播放器板块，设置画布比例为 9：16，如图 7.4-10 所示。

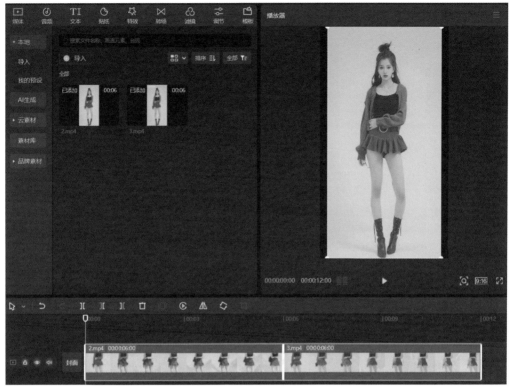

图 7.4-10　导入视频素材

步骤 08 选中视频轨道，在常规变速板块中，将时长调整为 10s，如图 7.4-11 所示。

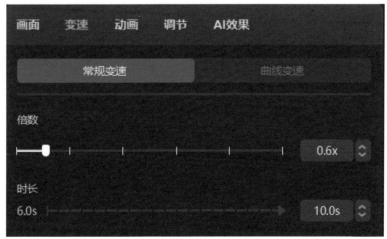

图 7.4-11　调整视频时长

步骤 09 单击菜单栏中的"音频"按钮，在搜索框中输入"科幻"，在打开的音频列表中进行试听，选择合适的音乐进行下载并添加到轨道中，与视频文件对齐，并将音乐文件中的多余音频删除，如图 7.4-12 所示。

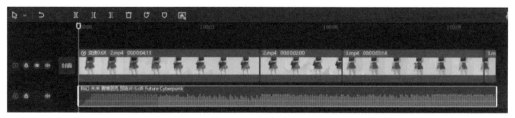

图 7.4-12 添加音频

步骤 10 选中音频轨道，在基础面板中，调整音量、淡入时长、淡出时长，如图 7.4-13、图 7.4-14 所示。

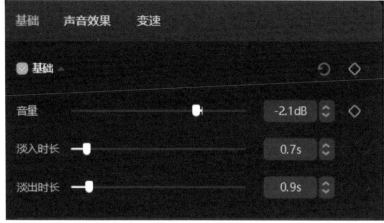

图 7.4-13 调整音量

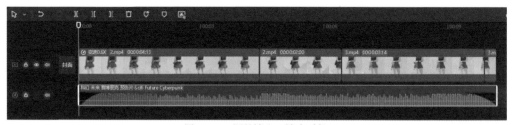

图 7.4-14 调整淡入、淡出时长

步骤 11 切换到转场板块，单击"叠化"效果，添加到视频素材分割处，如图 7.4-15 所示。使用同样的方法为剩余视频素材制作同样的效果，效果如图 7.4-16 所示。

图 7.4-15 转场

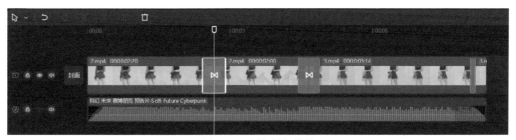

图 7.4-16 添加转场效果

步骤 12 打开滤镜库，添加"透亮"滤镜，与视频轨道对齐，如图 7.4-17 所示。

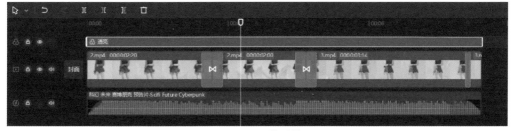

图 7.4-17 添加滤镜

步骤 13 单击剪映界面右上方的"导出"按钮，弹出导出页面，如图 7.4-18 所示，根据需要进行设置，完成后导出制作好的视频，最终效果如图 7.4-1 所示。

图 7.4-18 导出视频

7.5 制作时光机视频

时光机视频，是通过利用 AI 技术，将人的一生浓缩成一个视频来呈现。本例做的女性成长 AI 动画，模拟了女性成长和蜕变的过程，描绘了女性从出生到青涩少女，再到成熟女性的变化，展现了她们在学业、事业、家庭和社会中的坚韧与智慧。

▶ 7.5.1 最终效果

在 FacePlay 小程序中选择喜欢的模板，上传一张人脸照，AI 会自动检测照片中的人物，并结合所选模板，生成有趣的 AI 动画视频，如图 7.5-1 所示。

图 7.5-1　视频效果

▶ 7.5.2 操作步骤

<u>步骤 01</u> 打开 FacePlay 小程序，搜索"人生 ai 剧本特效"，如图 7.5-2 所示。选择合适的模板，如图 7.5-3 所示。

图 7.5-2　小程序页面　　　图 7.5-3　选择模板

步骤 02 上传一张无遮挡的人脸照，单击"立即制作"按钮，如图 7.5-4 所示。等待生成，生成视频效果如图 7.5-5 所示，单击"保存"按钮。

图 7.5-4 上传人脸照　　　　　　　　图 7.5-5 视频效果

知识扩展

　　除了制作视频女孩的一生外，此小程序还可以制作男孩的一生、四季变换等视频，读者可自行尝试。

　　<u>步骤 03</u> 打开剪映，导入所有备好的视频素材并添加到轨道中，选择播放器板块，设置画布比例为 9∶16，如图 7.5-6 所示。

图 7.5-6　导入视频素材

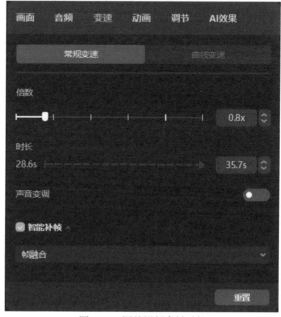

　　<u>步骤 04</u> 选中视频轨道，切换到变速板块，将视频素材变速倍速调整到 0.8x，如图 7.5-7 所示。

图 7.5-7　调整视频素材时长

步骤 05 打开滤镜库，添加"冷白""亮肤"滤镜，添加自定义调节，使其与视频时长一致，如图 7.5-8 所示。

图 7.5-8 添加滤镜、自定义调节

步骤 06 单击剪映界面右上方的"导出"按钮，弹出导出页面，如图 7.5-9 所示，根据需要进行设置，完成后导出制作好的视频，最终效果如图 7.5-1 所示。

图 7.5-9 导出视频

7.6 创作小说推文短视频

将漫画制作成动态漫画的形式进行宣传，用精致的画风以及高潮部分吸引读者，可以扩大作品影响力，增强读者阅读兴趣。

利用 AI 技术能够实现一键制作动态漫画，快速生成精彩的视频内容，为创作者节省大量时间，提高制作效率。

▶ 7.6.1 最终效果

在腾讯智影中制作动态漫画，输入文案，设置好人物角色，即可一键生成有趣的 AI 动态漫画视频，如图 7.6-1 所示。

图 7.6-1　视频最终效果

▶ 7.6.2 操作步骤

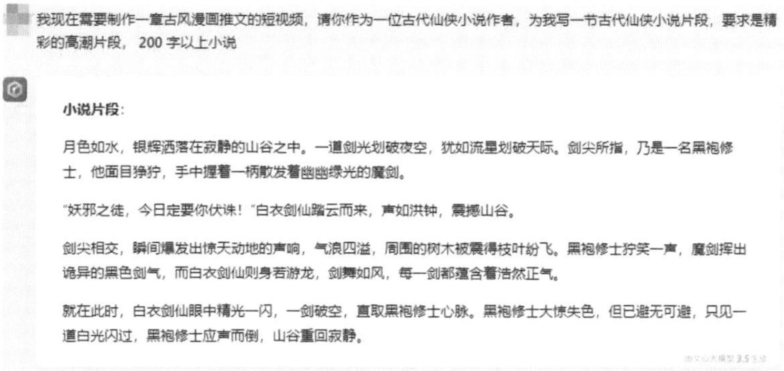

我现在需要制作一章古风漫画推文的短视频，请你作为一位古代仙侠小说作者，为我写一节古代仙侠小说片段，要求是精彩的高潮片段，200 字以上小说

步 骤 01 打开 ChatGPT 网站，编写出小说情节，描述画面、分镜以及提示词，如图 7.6-2 所示。

小说片段：

月色如水，银辉洒落在寂静的山谷之中。一道剑光划破夜空，犹如流星划破天际。剑尖所指，乃是一名黑袍修士，他面目狰狞，手中握着一柄散发着幽幽绿光的魔剑。

"妖邪之徒，今日定要你伏诛！"白衣剑仙踏云而来，声如洪钟，震撼山谷。

剑尖相交，瞬间爆发出惊天动地的声响，气浪四溢，周围的树木被震得枝叶纷飞。黑袍修士狞笑一声，魔剑挥出诡异的黑色剑气，而白衣剑仙则身若游龙，剑舞如风，每一剑都含着浩然正气。

就在此时，白衣剑仙眼中精光一闪，一剑破空，直取黑袍修士心脉。黑袍修士大惊失色，但已避无可避，只见一道白光闪过，黑袍修士应声而倒，山谷重回寂静。

图 7.6-2　生成文案

步骤 02 打开腾讯智影，界面如图 7.6-3 所示。选择动态漫画板块，自动跳转页面。

图 7.6-3 腾讯智影

步骤 03 单击"新建作品"，如图 7.6-4 所示。选择喜欢的风格，分辨率选择竖屏（9∶16），如图 7.6-5 所示。单击"开始创建"按钮，等待生成。

图 7.6-4 新建作品　　　　　　　图 7.6-5 创作作品

步骤 04 输入 ChatGPT 生成的文案，单击"应用文案"，等待生成相应的画面，如图 7.6-6 所示。

图 7.6-6 录入文案

步骤 05　查看角色列表是否符合人设，如图 7.6-7 所示。单击"人物配置"，自动进入模型风格选择页面，单击"选择音色"选项，选择合适的音色与读速，单击"提交"按钮，如图 7.6-8 所示。

图 7.6-7　查看角色列表

图 7.6-8　选择角色配音

步骤 06　重新选择形象模型，修改细致描述内容，单击"生成"按钮，等待生成新的人物角色，如图 7.6-9 所示。新生成的人物角色如图 7.6-10 所示，单击"已确认，下一步"按钮，等待生成分镜。

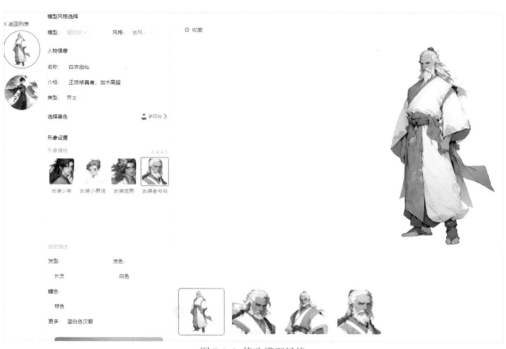

图 7.6-9　修改模型风格

图 7.6-10　新角色列表

步骤 07 分镜生成效果如图 7.6–11 所示，单击"合成视频"按钮，等待合成，视频合成效果如图 7.6–12 所示，单击"高级剪辑"按钮，自动进入剪辑页面，如图 7.6–13 所示。

图 7.6–11　分镜创建效果

图 7.6–12　分镜创建效果

图 7.6-13　分镜创建效果

步骤 08 选中视频轨道，对视频内容添加变速，并对合适的画面添加关键帧，形成镜头推拉效果，如图 7.6-14 所示。

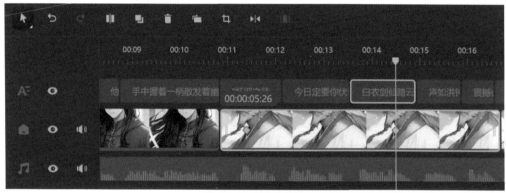

图 7.6-14　创建关键帧

步骤 09 选中字幕轨道，在字幕编辑面板中选择合适的字符，将字号调整至 30，如图 7.6-15 所示。选择黑字白边字体预设，调整文字在视频画面中的位置，使这三者对齐，效果如图 7.6-16 所示。

图 7.6-15　字幕编辑

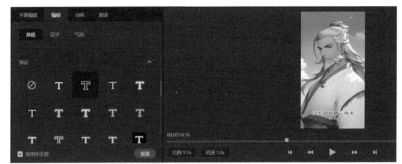

图 7.6-16　字幕编辑

步骤 10 将播放指针滑动至两个画面的分割处，切换到转场板块，单击"叠化"效果，并添加到视频素材分割处，如图 7.6-17 所示。使用同样的方法为剩余画面分割处制作同样的效果，效果如图 7.6-18 所示。

图 7.6-17　添加转场

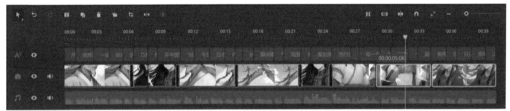

图 7.6-18　转场效果

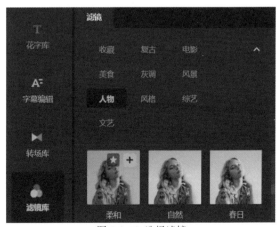

步骤 11 打开滤镜库，添加"自然"滤镜，如图 7.6-19 所示。添加"自定义调节"功能，对画面细节进行调整。滤镜和调节轨道与视频轨道对齐，如图 7.6-20 所示。

图 7.6-19　选择滤镜

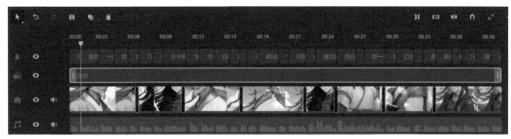

图 7.6-20 滤镜效果

步骤12 单击上方的"合成"按钮，如图 7.6-21 所示，根据需要进行设置，如图 7.6-22 所示，完成后单击"合成"按钮导出视频，最终效果如图 7.6-1 所示。

图 7.6-21 合成视频

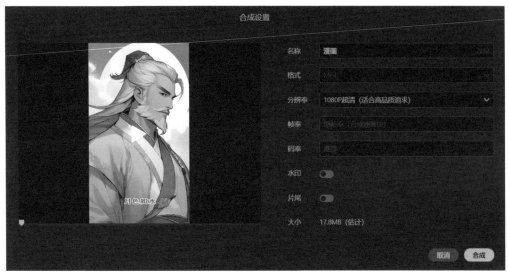

图 7.6-22 合成视频

7.7 制作儿童童话故事

儿童故事类短视频以其连贯的情节和引人入胜的剧情，能够牢牢抓住孩子们的注意力，还能通过生动的故事情节，激发他们的好奇心和想象力。

AI 技术的运用，可以快速进行智能角色设计和场景构建，帮助创作者打造出更加生动、有趣的角色形象和逼真的场景背景，为孩子们呈现一个更加丰富多彩的童话世界。

7.7.1 最终效果

在腾讯智影中制作儿童故事短视频，输入文案，设置好参数，替换素材，即可一键生成有趣的 AI 儿童故事视频，如图 7.7-1 所示。

图 7.7-1　视频最终效果

7.7.2 操作步骤

步骤 01 打开 ChatGPT 网站，编写儿童故事作为短视频文案，如图 7.7-2 所示。

请你写一篇儿童短篇故事作为儿童故事短视频的文案，视频时长在1Min30s左右

小狐狸的勇气冒险

在一片美丽的森林里，住着一只小狐狸叫菲菲。菲菲虽然聪明伶俐，但有一个小缺点：她害怕黑暗。每当夜晚来临，菲菲总是躲在洞里，不敢出去。

一天，森林里举办了一场夜晚探险活动。朋友们都兴奋地报名参加，只有菲菲犹豫不决。她非常想和朋友们一起探险，但一想到黑暗，她就害怕得发抖。

这时，菲菲的好朋友小兔子莉莉走过来，对她说："菲菲，其实黑暗并不可怕，只要我们心中有光，就能战胜恐惧。我会陪着你，我们一起去吧！"

菲菲深吸一口气，点了点头。她决定尝试一次。夜晚来临，菲菲和莉莉手拉手，跟随大家一起出发了。起初，菲菲有些害怕，但在莉莉的鼓励下，她渐渐放松了下来。

走着走着，他们发现了一颗会发光的神奇石头。石头发出的光芒把周围的黑暗都驱散了。菲菲看着这颗石头，心里顿时充满了勇气。她明白了，原来恐惧只是因为不熟悉，只要有信心，就能战胜一切困难。

探险结束后，菲菲感到前所未有的自信和快乐↓她不再害怕黑暗了，因为她知道，只要心中有光，黑暗也会变得不再可怕。

图 7.7-2 儿童故事文案

<u>步骤 02</u> 打开 Midjourney，输入提示词，生成了 4 张图像，如图 7.7-3 所示。

Prompt: 8K, various critters are lining up to sign up, while Fifi the tiny fox hides away with hesitation on her face, cartoon style, colorful and joyful illustration for children's book "Classic Disney", flat color, high resolution, high detail, warm tones, forest background, full body portrait, children's storybook illustration, different artists' styles, --ar 9：16

提示词：8K，各个小动物都在排队报名，而小小狐狸菲菲躲在一旁，脸上带着犹豫，卡通风格，为儿童读物"经典迪斯尼"，绘制的色彩缤纷、欢乐的插图，平涂色彩，高分辨率，高细节，暖色调，森林背景，全身像，儿童故事书插图，不同艺术家的风格，-- 宽高比例 9：16

图 7.7-3 生成的图

步骤 03 选择最喜欢的一张保存，如图 7.7-4 所示。剩余画面重复步骤 02 ～步骤 03，效果如图 7.7-5 所示。

图 7.7-4　合适的效果图　　　　　　图 7.7-5　其他效果图

步骤 04 打开腾讯智影，选择"文章转视频"工具，如图 7.7-6 所示。

智能小工具　　　　　　　　　　　　　　　　　　　　　　　　　　　　　　收起

视频剪辑　　文本配音　　动态漫画　　格式转换　　智能抹除　　写作助手

文章转视频　数字人播报　字幕识别　　形象与音色定制　智能抠像　　数字人直播

智能转比例　图像擦除　　AI绘画　　　视频解说　　视频审阅

图 7.7-6　选择智能小工具

步骤 05 输入已备好的文案，如图 7.7-7 所示。选择"仙侠玄幻"成片类型，将视频比例调整为"竖屏"。单击朗读音色，试听配音音色，选择合适的音色，如图 7.7-8 所示。单击"生成"按钮，等待生成。

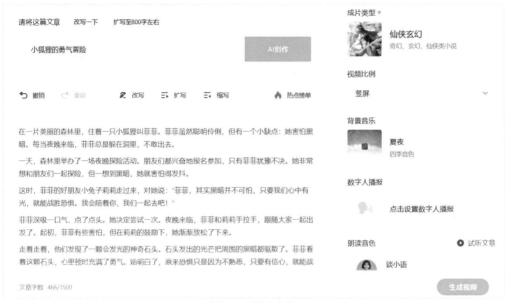

图 7.7-7 输入文案

图 7.7-8 选择合适的配音

步骤 06 自动进入剪辑界面，如图 7.7-9 所示。选中视频轨道，将视频轨道替换成已备好的图片素材，如图 7.7-10 所示。

图 7.7-9　生成的视频

图 7.7-10　替换素材

步骤 07 切换到字母编辑板块，将字号调整至 60，选择白字黑边预设字体，调整字母在画面中的位置，如图 7.7-11 所示。

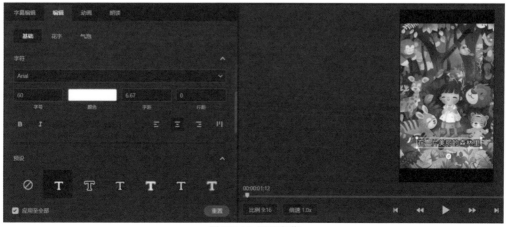

图 7.7-11　调整字幕

步骤 08 将播放指针滑动至两个画面的分割处，切换到转场板块，单击"叠化"效果，并添加到视频素材分割处，使用同样的方法为剩余画面分割处制作同样的效果，效果如图 7.7-12 所示。

图 7.7-12 添加转场

步骤 09 打开滤镜库，添加"舒芙蕾"滤镜，滤镜轨道与视频轨道对齐，如图 7.7-13 所示。

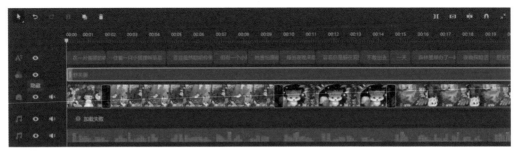

图 7.7-13 添加滤镜

步骤 10 单击剪辑界面上方的"合成"按钮，弹出合成设置页面，如图 7.7-14 所示，根据需要进行设置，完成后单击"合成"按钮导出视频，最终效果如图 7.7-1 所示。

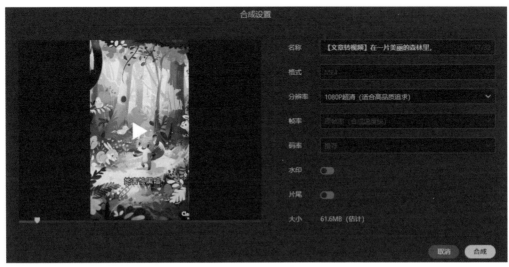

图 7.7-14 导出视频

7.8 制作有声绘本

智能画本通过生动的动画和丰富的故事情节，带领孩子们进入一个充满想象力的世界。
AI 技术不仅使画面更加精美生动，还能根据孩子们的兴趣和需求进行个性化调整。

7.8.1 最终效果

在百度文库 APP 中选择智能画本，向 AI 发送想要的古诗主题，AI 会自动生成有趣的 AI
动画视频，如图 7.8-1 所示。

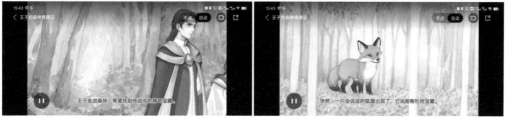

图 7.8-1　视频效果

7.8.2 操作步骤

<u>步骤 01</u> 打开百度文库 APP，选择 "AI 有声画本"，如图 7.8-2 所示。自动进入对话页面，

图 7.8-2　百度文库页面　　　　图 7.8-3　对话界面

如图 7.8-3 所示。

　　步骤 02 输入想要生成画本的主题，等待对话生成，如图 7.8-4 所示。单击"制作画本"按钮，选择合适的画本风格，如图 7.8-5 所示，单击"继续生成"按钮，等待生成。

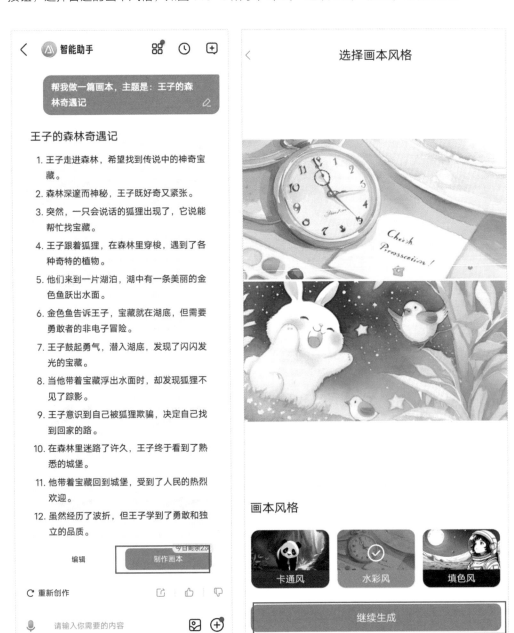

图 7.8-4 对话生成　　　　　　　　　　　图 7.8-5 画本风格

步骤 03 生成结果如图 7.8-6 所示，单击 "播放画本" 选项，即可观看视频版画本，AI 会自动进行配音，最终效果如图 7.8-1 所示。

图 7.8-6　生成结果

知识扩展

　　智能画本目前相较其他 AI 工具，在人物角色一致性方面具有稍微的优势，这一功能允许用户在跨越多个场景和图像时，保持同一角色的一致性和连贯性。

7.9 制作清单式短视频

　　清单式短视频通过简短的片段或故事，直观地传达了生活的智慧，触动观众的心灵，增强观众对人生真谛的感悟和共鸣。

　　借助 AI 技术的辅助，创作者可以根据精选的哲理文案，一键生成视频，迅速制作出富含智慧的人生哲理短视频。

7.9.1 最终效果

　　使用"图文成片"功能，替换视频素材后，即可生成清单式短视频，如图 7.9-1 所示。

图 7.9-1 最终效果

7.9.2 操作步骤

　　步骤 01 打开 ChatGPT 网站，编写出短视频文案，如图 7.9-2 所示。

> 写一篇关于"三个人生哲理，助你走出低谷"的短视频文案，要求逻辑清晰，通俗易懂，50字以内，用数字分点叙述
>
> ⑤　　三个人生哲理，助你走出低谷：
>
> 　　1. 接受现实，拥抱变化。
>
> 　　2. 失败是成功之母。
>
> 　　3. 积极心态，迎接挑战。
>
> 　　⎘ ⟳ ⚐ ⚙

图 7.9-2 编写文案

　　步骤 02 打开剪映 APP，在首页板块中选择"图文成片"功能，系统自动跳转到编辑页面，如图 7.9-3 所示。

图 7.9-3 剪映首页

步骤 03 视频时长选择"1分钟左右"按钮，单击"自由编辑文案"选项，如图 7.9-4 所示。

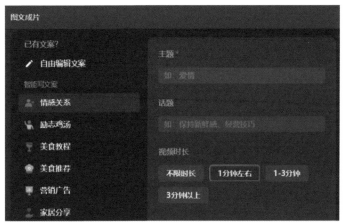

图 7.9-4 图片成文

步骤 04 输入 ChatGPT 生成的文案，如图 7.9-5 所示。选择合适的音频，此案例中音频选择"心灵鸡汤"选项，单击"生成视频"按钮，成片方式选择"智能匹配素材"选项，等待生成，效果如图 7.9-6 所示。

图 7.9-5 编辑文案

图 7.9-6 生成效果

步骤 05 检查文本是否有误，调整朗读时长以及顺序。检查视频是否符合，对于不符合文案的视频进行调换，并对视频素材进行变换处理，如图 7.9-7 所示。

图 7.9-7 替换素材

步骤 06 选中文本轨道，在文本面板中将字号调整至 7，调整文字在视频画面中的位置，如图 7.9-8 所示。

图 7.9-8　调整字号

步骤 07 打开动画面板，在"入场"功能区中选择"打字机Ⅰ"动画，将动画时长调整至 1.0s，如图 7.9-9 所示。将剩余文本入场动画调整合适的时长，并调整细节，将文本、视频与音频轨道对齐，效果如图 7.9-10 所示。

图 7.9-9　动画面板

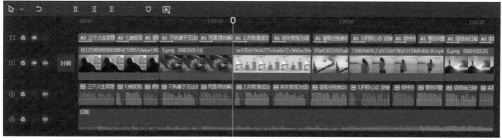

图 7.9-10　动画效果

步骤 08 切换到转场板块，单击"叠化"效果，并添加到视频素材分割处，如图 7.9-11 所示。使用同样的方法为剩余视频素材分割处制作同样的效果，效果如图 7.9-12 所示。

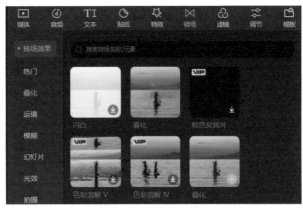

图 7.9-11 添加转场

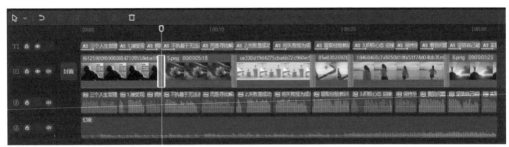

图 7.9-12 转场效果

步骤 09 打开滤镜库，添加"雾瓷"滤镜。添加"自定义调节"功能，对画面细节进行调整。滤镜和调节轨道与视频文件对齐，如图 7.9-13 所示。

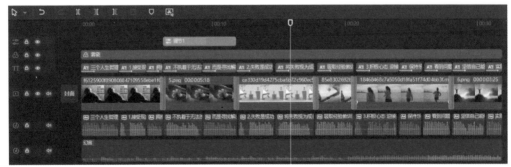

图 7.9-13 添加滤镜、自定义调节

步骤 10 单击剪映界面右上方的"导出"按钮，弹出导出页面，如图 7.9-14 所示，根据需要进行设置，完成后导出制作好的视频，最终效果如图 7.9-1 所示。

图 7.9-14　导出视频

7.10 用 AI 进行虚拟人物直播

通过直播，企业能够直观地展示产品、策划促销活动，并实时与观众互动，从而帮助消费者更深入地了解产品，进一步加强品牌影响，并最终推动销售增长。

借助 AI 技术，我们可以创造出虚拟的主持人或角色，不仅能显著降低制作成本，还能 24 小时在线，随时为观众提供服务。

▷ 7.10.1 最终效果

在即创中制作 AI 直播间素材，输入商品信息，设置好参数后，AI 会一键生成直播间素材，发送到直播伴侣，即可直接使用素材，效果如图 7.10-1 所示。

图 7.10-1 视频最终效果

▷ 7.10.2 操作步骤

步骤 01 打开即创网站，选择"直播间装修"功能，如图 7.10-2 所示。进入直播间装修界面，如图 7.10-3 所示。

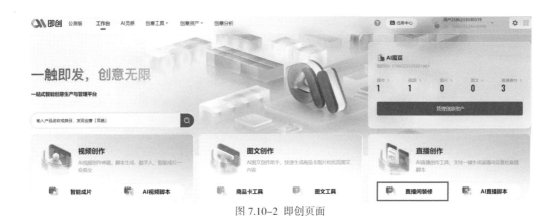

图 7.10-2　即创页面

图 7.10-3　直播间装修界面

图 7.10-4　参数设置

步骤 02 输入商品信息、直播标题，将场景风格都调整为系统推荐，输入优惠贴纸中的数字，设置其他参数，如图 7.10-4 所示。单击"立即生成"按钮，等待生成。

步骤 03 生成结果如图 7.10-5 所示，单击右下方"保存并推送至直播伴侣"按钮，输入抖音 UID，如图 7.10-6 所示，即可在直播时使用素材包。

图 7.10-5 生成效果

知识扩展

请确保上传的商品信息是自己原创，或者已取得商用授权的商品信息，否则将会涉及素材投放后产生的纠纷。

图 7.10-6 推送至直播伴侣

步骤 04 打开直播伴侣 APP，界面如图 7.10-7 所示。单击"添加直播画面"按钮，弹出添加素材界面，如图 7.10-8 所示，单击添加图片、视频，添加收到的直播素材包，如图 7.10-9 所示。

图 7.10-7　直播伴侣

图 7.10-8　添加素材页面

图 7.10-9 添加直播素材包

　　步骤 05 继续单击"添加素材"选项，添加"虚拟形象"功能，自动弹出虚拟形象界面，界面如图 7.10-10 所示。

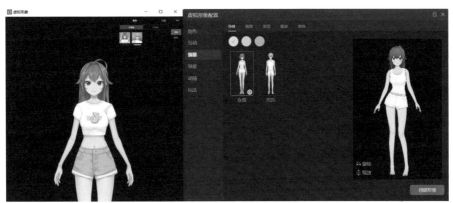

图 7.10-10 虚拟形象界面

　　步骤 06 设置合适的虚拟形象配置参数，单击"创建形象"按钮，虚拟形象效果如图 7.10-11 所示，调整每个素材的顺序，直播画面如图 7.10-12 所示，最终效果如图 7.10-1 所示。

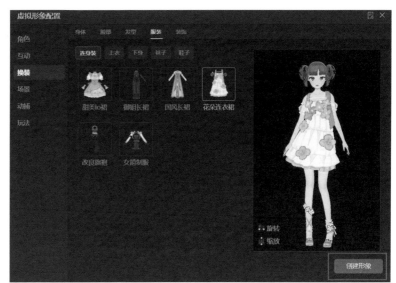

图 7.10-11 创建形象

图 7.10-12 直播画面

知识扩展

　　除了添加虚拟形象外，还可以添加介绍产品的数字人视频，大大提高工作效率，建议数字人视频背景导出为透明背景。由于权限限制，此案例中不做此示范，读者可自行尝试。

7.11 制作数字人口播短视频

　　口播短视频凭借其简洁明了的讲解和富有冲击力的图片、视频，能在短时间内触动观众的心灵，受到广大观众的热烈追捧和喜爱。

　　AI 技术能够迅速生成富有感染力的文案和配音，还能智能匹配适合的配图，甚至可以选择数字人形象作为出镜角色，进一步提升产品的形象识别度。

▷ 7.11.1 最终效果

　　在即创中制作数字人口播短视频，输入商品信息，选择合适的数字人后，AI 会一键生成数字人口播短视频，效果如图 7.11-1 所示。

图 7.11-1 视频最终效果

▶ 7.11.2 操作步骤

步骤 01 打开即创网站，选择"智能成片"功能，如图 7.11-2 所示。进入高阶成片界面，如图 7.11-3 所示。

图 7.11-2　即创页面

图 7.11-3　高阶成片界面

步骤 02 单击"AI 生成脚本"功能，选择合适的选项，设置好参数，如图 7.11-4 所示，单击"立即生成"按钮。生成结果如图 7.11-5 所示。选择合适的脚本，单击"确定"按钮。

脚本生成

通用电商　　大健康　　工具软件　　金融　　教育　　汽车

推广场景 ·

短视频带货　　引流直播间

产品卖点 ·

舒适透气 ×　仙女风低跟舒适两穿 ×　显脚小 ×　鞋底软 ×　厚底舒适 ×

23/60

推荐词 ?　＋ 显脚小　＋ 鞋底软　＋ 厚底舒适　↻ 换一换

脚本风格

不限　　国货　　520　　618

优惠活动

限时特价 ×

4/22

▷ 立即生成　　🗑 清空输入项

通用电商　　大健康　　工具软件　　金融　　教育　　汽车

适用人群

女生　　2/20

推荐词　＋ 小个子　＋ 男女老少　↻ 换一换

用户痛点

库存有限 ×　胖脚瘦脚 ×　8/22

推荐词　＋ 显贵　＋ 走路无声音　＋ 胖脚瘦脚　↻ 换一换

适用场景

适合春夏穿着 ×　家庭日常穿着 ×　海边游玩 ×　16/22

推荐词　＋ 适合春夏穿着　＋ 家庭日常穿着　＋ 海边游玩　↻ 换一换

脚本字数

50~75字（≈10~15s正常口播时长）　⌄

▷ 立即生成　　🗑 清空输入项

图 7.11-4 脚本信息设置

为你生成 ❶ 内容为AI生成，仅供参考，您对该内容的使用应严格遵循国家相关法律...

✅ 已为您通过广告预审，降低素材风险

No.1　拖鞋女_视频口播脚本_20240522144213_1

情绪营销 ＋ 产品功能 ＋ 通用场景 ＋ 产品功能 ＋ 行动号召

这款女神穿的仙气飘飘的拖鞋你穿过吗？它是一款仙女风的拖鞋，非常舒服又洋气的一款鞋子，而且可以两面穿的，一面高跟一面平底的。它是舒适透气的面料，特别适合现在这个季节穿。而它的鞋底也很软，是厚底更舒适的。快来点击链接参加我们的限时抢购吧！

118/1000

💾 保存至脚本库　✏ 编辑　　　☑ 选择脚本

No.2　拖鞋女_视频口播脚本_20240522144213_2

商品信息 ＋ 通用人群 ＋ 产品功能 ＋ 行动号召

大家好我是小美，我们专门做女士鞋子很多年了，这款是我们新上的拖鞋女，它非常的舒适透气，它是仙女风的低跟鞋，可以舒适两穿，还能显脚小，它的鞋底又软又舒服还是厚底的非常适合春天夏天去穿，无论是家庭日常穿还是去海边玩都合适哦。现在限时抢购，库存不多啦。

123/1000

取消　　**确定**

图 7.11-5 生成结果

步骤 03 切换到数字人板块，选择合适的数字人，如图 7.11-6 所示。

图 7.11-6　选择数字人

步骤 04 切换到字幕板块，选择合适的字体、样式，将字号调整为 18，如图 7.11-7 所示。单击"生成视频"按钮，等待生成。视频效果如图 7.11-1 所示。

图 7.11-7　调整字幕

7.12 制作知识分享短视频

知识分享短视频通过深入浅出的解说，加上生动有趣的配图或视频素材，可以让观众在短暂的时间内获得启发和思考，吸引了大量观众的关注和分享。

通过 AI 技术可以在不用真人出镜的情况下制作口播类短视频，极大地提高了创作效率，降低了创作门槛。

▶ 7.12.1 最终效果

在有言网站中制作数字人口播，选择视频模板，上传视频素材和文案即可一键生成数字人口播视频，效果如图 7.12-1 所示。

图 7.12-1 视频最终效果

▶ 7.12.2 操作步骤

步骤 01 打开 ChatGPT 网站，生成口播视频的文案，如图 7.12-2 所示。

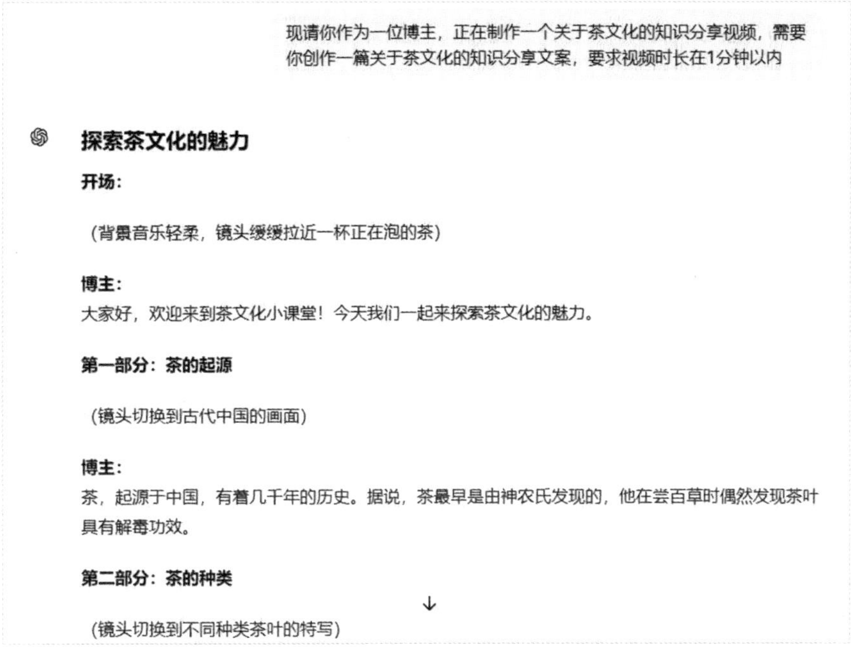

现请你作为一位博主，正在制作一个关于茶文化的知识分享视频，需要你创作一篇关于茶文化的知识分享文案，要求视频时长在1分钟以内

探索茶文化的魅力

开场：

（背景音乐轻柔，镜头缓缓拉近一杯正在泡的茶）

博主：

大家好，欢迎来到茶文化小课堂！今天我们一起来探索茶文化的魅力。

第一部分：茶的起源

（镜头切换到古代中国的画面）

博主：

茶，起源于中国，有着几千年的历史。据说，茶最早是由神农氏发现的，他在尝百草时偶然发现茶叶具有解毒功效。

第二部分：茶的种类

↓

（镜头切换到不同种类茶叶的特写）

图 7.12–2　生成文案

步骤 02　打开有言网站，界面如图 7.12–3 所示，单击"开始创作"按钮，自动进入有言首页，如图 7.12–4 所示。

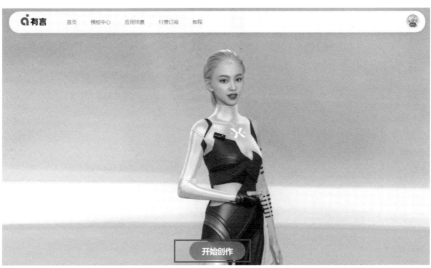

图 7.12–3　有言首页

图 7.12-4 选择合适的模板

步骤 03 选择符合视频行业和应用场景的模板，单击"创作同款"按钮，如图 7.12-5 所示，自动进入同款视频编辑页面，如图 7.12-6 所示。

图 7.12-5 创作同款

图 7.12-6 视频编辑页面

步骤 04 切换到人物板块，选择合适的人物形象进行讲解，如图 7.12-7 所示。切换到演播室板块，选择合适的背景，如图 7.12-8 所示。

图 7.12-7 人物选择　　　　　　　　　　图 7.12-8 背景选择

步骤 05 切换到素材板块，单击"上传素材"按钮，上传备好的视频素材，如图 7.12-9 所示。输入已备好的脚本文案以及替换合适的视频素材，效果如图 7.12-10 所示。

图 7.12-10 替换素材

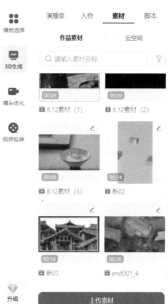

图 7.12-9 上传素材

步骤 06 在脚本中点击想要停顿的位置，单击上方"停顿"按钮，添加合适的停顿时长，如图 7.12-11 所示。

图 7.12-11 停顿时间

知识扩展

文本中的任何位置都支持添加停顿，可以自定义停顿的时长。

步骤 07 单击"试听"图标对脚本进行试听，单击虚拟人音色处可选择合适的音色，如图 7.12-12 所示，确定音色后，单击"确定"按钮，完成后单击"一键生成"按钮，效果如图 7.12-13 所示。

编辑音色

知心女博主	憨厚对话小哥	温柔访谈女声
中文、女、平和	英文、男、平和	英文、女、平和
专业女主讲人	通用讲解女声	知性新闻女主持
中文、女、平和	中文、女、平和	中文、女、正式
激昂男主讲人	英文女主讲人	专业男主讲人
中文、男、激昂	英文、女、平和	中文、男、平和
成熟男主讲人	锐评女声	稳健新闻男主持
中文、男、平和	中文、女、积极	中文、男、正式

取消   确定

图 7.12-12 多种音色

图 7.12-13　生成效果

步骤 08 选择镜头优化功能，选中脚本后的"全屏"文字，进入替换镜头功能，选择合适的画面方式，单击"替换"按钮，画面效果如图 7.12-14 所示。

图 7.12-14　镜头优化

步骤09 单击"一键生成"按钮，预览视频效果，如图 7.12-15 所示，单击"待渲染"按钮，等待渲染。

图 7.12-15 预览视频效果

步骤10 选择视频包装功能，界面如图 7.12-16 所示。选中文案轨道，检查字幕顺序，将字幕缩放至合适大小，如图 7.12-17 所示。

图 7.12-16 视频包装　　　　　　　　　　　　　　　图 7.12-17 缩放字幕

步骤 11 切换到片头板块，界面如图 7.12-18 所示，选择合适的片头。切换到片尾板块，界面如图 7.12-19 所示，选择合适的片尾，效果如图 7.12-20 所示。单击"保存"按钮，备份视频，以防丢失。

图 7.12-18 片头　　　　　　　　　　图 7.12-19 片尾

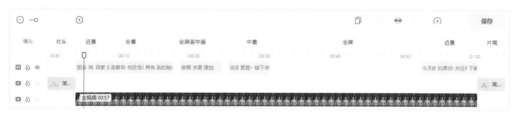

图 7.12-20 添加片头、片尾

知识扩展

　　系统中自带的片头片尾模板并没有音效，因为可以导出后使用其他剪辑软件添加音效，例如剪映。

步骤12 视频包装完成后，单击视频编辑页面右上角的"保存"按钮，弹出导出页面，如图 7.12-21 所示，设置所需参数，单击"确认"按钮，等待导出，视频最终效果如图 7.12-1 所示。

图 7.12-21 导出视频

7.13 制作城市宣传片

城市宣传片旨在展示城市的独特风光与文化魅力，提升城市形象和文化软实力，同时促进旅游经济的发展与城市的可持续发展。

使用 AI 技术，它能够自动生成精准而富有感染力的文案，同时引入了数字人形象作为城市的虚拟代言人。这些数字人拥有逼真的外貌和动作，大大吸引游客的注意力。

7.13.1 最终效果

在有言网站中制作城市 AI 宣传片，上传视频素材，利用 AI 生成文案即可一键生成城市 AI 宣传片，效果如图 7.13-1 所示。

图 7.13-1 视频最终效果

7.13.2 操作步骤

步骤 01 打开 ChatGPT 网站，生成视频文案，如图 7.13-2 所示。

现请你作为一位文旅宣传大使，正在制作一个关于重庆的景点介绍视频，需要你创作一篇关于重庆景点的介绍文案，要求视频时长在50s以内

探索重庆的魅力景点

开场：

（背景音乐欢快，镜头从空中俯瞰重庆全景）

宣传大使：

大家好，欢迎来到山城重庆！今天我们一起探索这座充满魅力的城市。

第一站：解放碑

（镜头切换到解放碑的特写）

宣传大使：

首先是解放碑，这是重庆的地标之一，也是繁华的商业区。白天，这里人来人往，晚上灯火辉煌，非常适合购物和品尝美食。

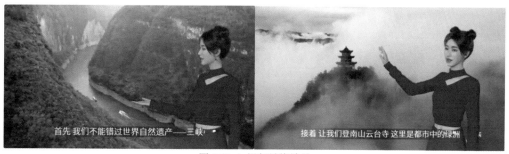

图 7.13-2 生成文案

步骤 02 打开有言网站，界面如图 7.13-3 所示，单击"新建作品"按钮，进入新建作品页面，选择创建横屏，如图 7.13-4 所示。

图 7.13-3 选择合适的模板

图 7.13-4 新建作品

步骤 03 自动进入新建作品页面，切换到作品中心板块，选择合适的模板，单击"创作同款"，自动进入模板作品页面，如图 7.13-5 所示。

图 7.13-5　视频编辑页面

步骤 04 切换到人物板块，选择合适的人物形象进行讲解，如图 7.13-6 所示。切换到素材板块，上传视频素材，如图 7.13-7 所示。

图 7.13-6　人物选择　　　　　　　图 7.13-7　上传素材

图 7.13-8 脚本板块

步骤05 切换到脚本板块，如图 7.13-8 所示，单击"AI 生成脚本"按钮，自动进入 AI 脚本编辑界面，选择自由模式，上传备好的简略文案，如图 7.13-9 所示，单击"AI 优化"功能，AI 自动生成优化过后的文案，如图 7.13-10 所示。

图 7.13-9 AI 优化

图 7.13-10 AI 优化效果

步骤 06 单击"立即生成"功能，生成结果如图 7.13-11 所示，单击"去成片"按钮，回到视频编辑界面。

图 7.13-11　视频编辑页面

步骤 07 调整自动输入的脚本文案以及替换上传的视频素材，效果如图 7.13-12 所示。

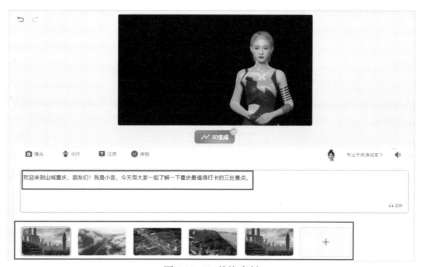

图 7.13-12　替换素材

步骤 08 单击视频素材的画笔图标，如图 7.13-13 所示。进入视频编辑页面，对视频素材进行编辑。如图 7.13-14 所示。可使用定格、裁剪功能，剪辑完成后单击"另存为"按钮，即可更新修改后的视频素材。

图 7.13-13 视频素材

图 7.13-14 编辑视频

知识扩展

在线编辑视频素材时，也可添加新的视频素材以匹配文案内容和增加素材长度。

步骤 09 单击"试听"图标对脚本进行试听，如图 7.13-15 所示，单击虚拟音色处可选择合适的音色，如图 7.13-16 所示，选择合适的音色，完成后单击"确定"按钮。

图 7.13-15 试听音色

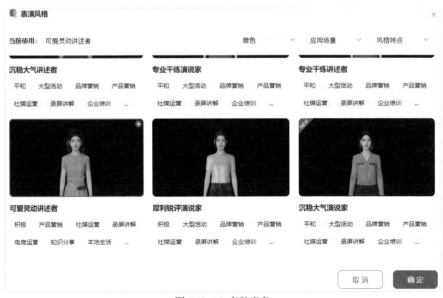

图 7.13-16 多种音色

步骤 10 选中想要添加动作的文本，单击"动作"功能，选择合适的动作，如图 7.13-17 所示。剩余文本使用同样的方法添加动作，效果如图 7.13-18 所示。

图 7.13-17 动作展示

图 7.13-18 添加动作效果

步骤 11 单击界面中心的"3D 生成"按钮，等待生成，AI 渲染效果如图 7.13-19 所示。单击右上方的"继续编辑"选项卡，选择"去包装视频"功能。

图 7.13-19 镜头优化

步骤 12 自动进入视频包装界面，如图 7.13-20 所示。选中字幕，将字号调整至合适大小，效果如图 7.13-21 所示。

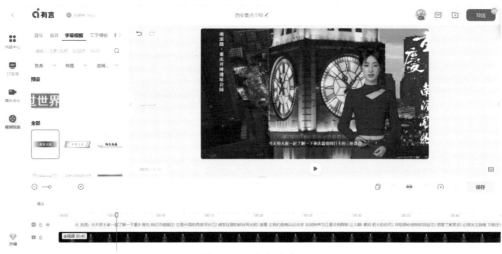

图 7.13-20 视频包装

图 7.13-21 缩放字幕

步骤 13 切换到片头、片尾板块，选择合适的片头、片尾，效果如图 7.13-22 所示。单击"保存"按钮，备份视频，以防丢失。

图 7.13-22 添加片头、片尾

步骤 14 视频包装完成后，单击视频编辑页面右上角的"保存"按钮，弹出导出页面，如图 7.13-23 所示，设置所需参数，单击"确认"按钮，等待导出，视频最终效果如图 7.13-1 所示。

图 7.13-23　导出视频

7.14 制作影视解说视频

影视解说类短视频为观众提供了一个深入浅出理解影视作品的机会，使他们能够更加清晰地把握情节发展、人物关系以及背景设定。

AI 技术的应用，为影视解说类短视频的制作带来了革命性的变革。AI 语音合成和文字转语音的功能使得解说词能够流畅、自然地与影片内容相结合。

7.14.1 最终效果

在腾讯智影中制作影视解说，输入文案，设置好视频片段，通过后期剪辑，即可生成完整的影视解说短视频，效果如图 7.14-1 所示。

图 7.14-1 视频最终效果

7.14.2 操作步骤

步骤 01 自行编写出视频解说文案作为备用脚本，如图 7.14-2 所示。

步骤 02 打开腾讯智影，界面如图 7.14-3 所示。选择视频解说工具，自动跳转视频解说页面，如图 7.14-4 所示。

图 7.14-2 备用文案

智能小工具　　　　　　　　　　　　　　　　　　　　　　　　　　　　收起

视频剪辑	文本配音	动态漫画	格式转换	智能抹除	写作助手
文章转视频	数字人播报	字幕识别	形象与音色定制	智能抠像	数字人直播
智能转比例	图像擦除	AI绘画	视频解说	视频审阅	

图 7.14-3 腾讯智影

视频解说

免费使用正版影视、写脚本选配音，快速生产解说视频

解说脚本　　剪辑草稿

未命名草稿　　　　　　　　**未命名草稿**

今天 15:34 编辑　　　　　　　今天 14:08 编辑

图 7.14–4　视频解说页面

步骤 03 单击"新建作品"功能，自动跳转写脚本页面，如图 7.14–5 所示。

选视频 写脚本 —— 选择配音 —— 开始剪辑　　　　　　　下一步

在线素材　我的资源　　　　　　　　　　　　　　　解说脚本　　　　　　　　　下载脚本

腾讯视频正版影视库　　　　　　　　1　请输入解说脚本，按Enter键新增一行

输入标题、明星搜索正版素材　　　　　　　2

全部　本季热播　历史好评　影视先锋　口碑剧集　好番推荐　潮流综艺　纪录片　　3

其他　　　　　　　　　　　　　　　　　　　　4

筛选 ∨　　　　　　　　　　　　　　　　　　5

6

更新至09集　第4季　全46集　全20集　　预估文本时长

图 7.14–5　选视频、脚本页面

步骤 04 选择影片，输入已备好的文案，如图 7.14-6 所示。在视频中添加打入点、打出点，单击"添加至脚本 1"按钮，将所选视频片段添加到脚本 1 处，如图 7.14-7 所示。为剩余解说脚本添加视频片段，添加效果如图 7.14-8 所示。

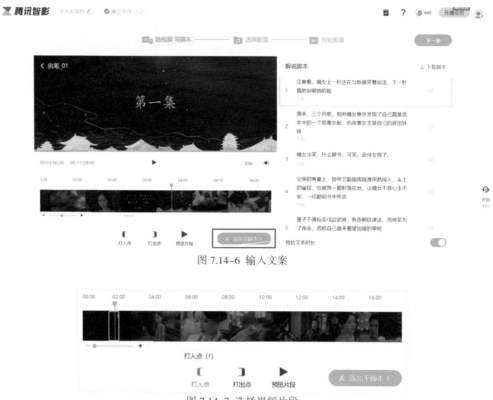

图 7.14-6 输入文案

图 7.14-7 选择视频片段

图 7.14-8 添加到脚本处

步骤 05 添加完毕后，单击右上角"下一步"按钮，如图 7.14-9 所示。

图 7.14-9 下一步

步骤 06 选择 AI 配音，试听配音音色，选择合适的音色，将朗读速度调整为 1.1x 倍速，如图 7.14-10 所示。单击右上角"生成"按钮，等待生成，如图 7.14-11 所示。

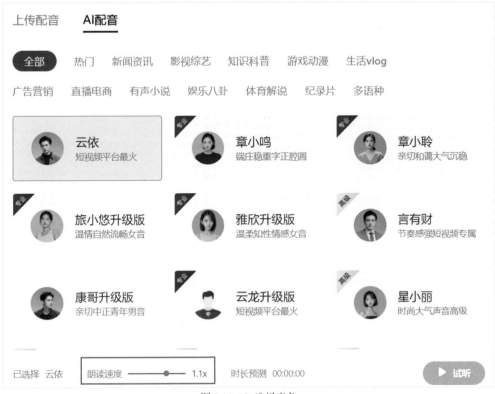

图 7.14-10　选择音色

图 7.14-11　生成

步骤 07 视频生成完成后，单击"去剪辑"按钮，如图 7.14-12 所示，进入剪辑页面，修改模型风格，如图 7.14-13 所示。

图 7.14-12　去剪辑

图 7.14-13 修改模型风格

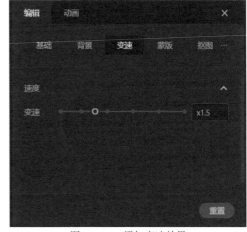

步骤 08 选中视频轨道，对视频内容添加变速，如图 7.14-14 所示。调整视频、配音轨道，使解说视频更完整，如图 7.14-15 所示。

图 7.14-14 添加变速效果

图 7.14-15 调整视频、配音轨道

图 7.14-16　字幕编辑

步骤 09 选中字幕轨道，在字幕编辑面板中选择合适的字符，将字号调整至 45，勾选"应用至全部"如图 7.14-16 所示。调整文字在视频画面中的位置，使这三者对齐，效果如图 7.14-17 所示。

图 7.14-17　调整文字所在位置

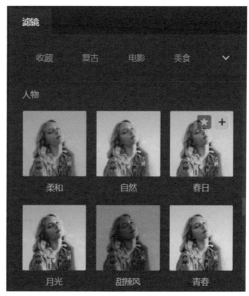

步骤 10 打开滤镜库，添加"春日"滤镜。如图 7.14-18 所示。滤镜和调节轨道与视频轨道对齐，滤镜效果如图 7.14-19 所示。

图 7.14-18　选择滤镜

图 7.14-19 滤镜效果

步骤 11 单击编辑页面上方的"合成"按钮，弹出导出页面，如图 7.14-20 所示，根据需要进行设置，完成后单击"合成"按钮导出视频，如图 7.14-21 所示。

图 7.14-20 合成视频

图 7.14-21 导出视频

7.15 制作微电影

微电影是一种传播快速、适合移动设备观看的短片，具有快节奏、完整故事情节的特点。使用 AI 技术，不仅能模拟人类的创造力，还能精准捕捉细节，让画面效果更为生动逼真。

▶ 7.15.1 最终效果

在 artflow 网站中制作微电影短视频，选择人物形象，输入文字，即可一键生成自带配音的 AI 微电影短视频，如图 7.15-1 所示。

图 7.15-1　视频最终效果

▶ 7.15.2 操作步骤

<u>步骤 01</u> 打开 artflow 网站，界面如图 7.15-2 所示，选择"Video Studio"功能，单击界面中的"Create Videos"按钮，自动进入编辑页面，如图 7.15-3 所示。

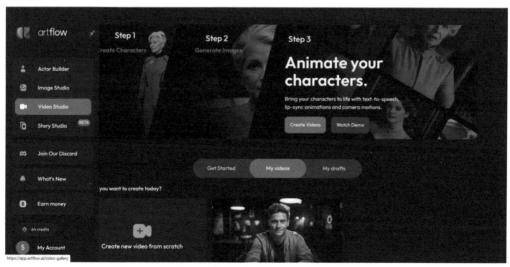

图 7.15-2 artflow 网站

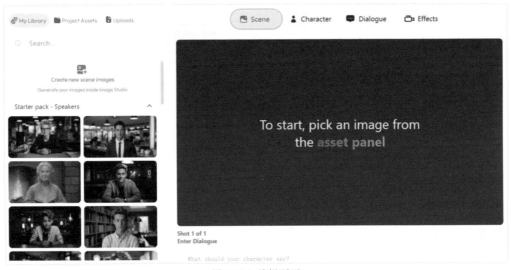

图 7.15-3 编辑页面

步骤 02 单击界面中的"Create new scene images"板块，如图 7.15-4 所示，进入生图板块，选择合适的"General（一般画面模式）""Templates（模板）"，输入提示词，如图 7.15-5 所示，单击"Gencrate v2"按钮，等待生成。

图 7.15-4 新场景

图 7.15-5 选择新场景

步骤 03 生成 4 张图像，如图 7.15-6 所示。选择最喜欢的一张单击"Create video with this image"选项，跳转回编辑页面。

图 7.15-6　生成的图

步骤 04 切换到"Dialogue"板块，输入对话文本，可以试听音色，选择合适的音色，如图 7.15-7 所示。

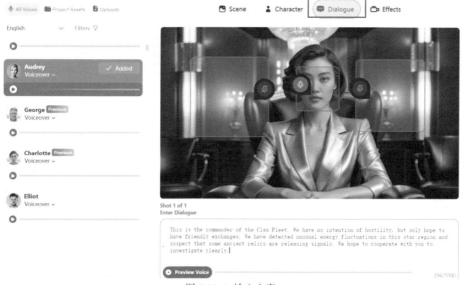

图 7.15-7　输入文案

步骤 05 切换到"Effects"板块，选择"Original"滤镜，如图 7.15-8 所示。单击右上方的"Export & Animate"按钮，进行导出，如图 7.15-9 所示。设置参数，如图 7.15-10 所示，单击"Export Video"按钮，等待导出，最终效果如图 7.15-1 所示。

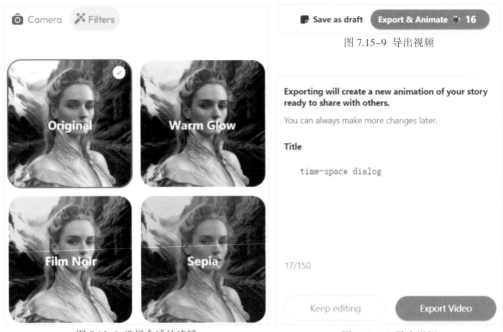

图 7.15-9 导出视频

图 7.15-8 选择合适的滤镜

图 7.15-10 导出视频

知识扩展

　　此网站最多可以创建 20 个镜头，由于篇幅限制，在此不过多展示，读者可以尝试多个场景和镜头结合使用，会有非常出色的视频效果。

7.16 制作黏土动画

黏土动画通过逐帧拍摄调整黏土角色和场景，形成流畅的动画效果，展现独特的质感和创意表达。

AI 技术大大缩短了黏土动画的制作时间，同时也激发了观众的想象力和创造力，让观众在有素材的前提下就可以制作出黏土动画。

7.16.1 最终效果

在 Wink APP 中将照片转成黏土风格，再选择喜欢的风格模板，上传黏土风格图片，AI 会自动让照片中的事物"动"起来，并结合所选模板，生成有趣的 AI 黏土动画，如图 7.16-1 所示。

图 7.16-1　视频效果

7.16.2 操作步骤

步骤 01 打开 Wink APP，界面如图 7.16-2 所示。选择"AI 绘画"功能，进入 AI 绘画模板页面，界面如图 7.16-3 所示。选择合适的模板，单击"立即生成"按钮。

图 7.16-2 Wink APP 界面 图 7.16-3 挑选模板

图 7.16-4 生成效果 图 7.16-5 更换风格

步骤 02 上传图片，等待生成，生成图片效果如图 7.16-4 所示，单击左下角"换风格"图标，选择其他风格，如图 7.16-5 所示，单击"立即生成"按钮，等待生成，效果如图 7.16-6 所示，剩余图片重复步骤 01、步骤 02 生成并保存，效果如图 7.16-7 所示。

图 7.16-6　生成效果　　　　　　　图 7.16-7　其他生成效果

　　步骤03　再次打开Wink软件，选择"AI动图"功能，界面如图7.16-8所示，上传所有备好的图片素材，如图7.16-9所示，单击"立即生成"按钮，等待生成。

图 7.16-8　软件界面　　　　　　　图 7.16-9　上传图片

步骤 04 生成效果如图 7.16-10 所示，单击"编辑"按钮，对视频片段进行排序，如图 7.16-11 所示，单击"勾号"图标，保存生成的视频素材。

图 7.16-10 生成效果

图 7.16-11 排序片段

步骤 05 打开剪映，选择合适的模板，如图 7.16-12 所示。单击"解锁草稿"按钮，进入编辑页面，导入所有备好的视频素材并添加到轨道中，选择播放器板块，设置画布比例为 9∶16，如图 7.16-13 所示。

图 7.16-12 挑选模板

图 7.16-13　导入素材

步骤 06　选中所有视频素材，切换到变速板块，将倍数调整到 0.5x，调整视频顺序以及画面位置，如图 7.16-14 所示。

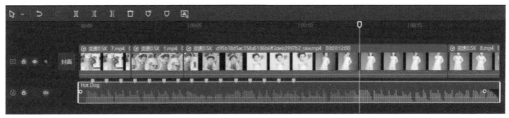

图 7.16-14　调整视频排序

步骤 07　打开滤镜库，添加"自然"滤镜，添加自定义调节，使其与视频时长一致，如图 7.16-15 所示。

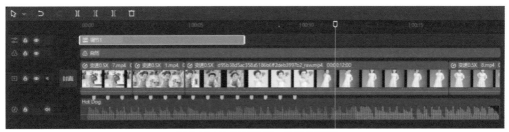

图 7.16-15　添加滤镜、自定义调节

步骤 08 单击剪映界面右上方的"导出"按钮，弹出导出页面，根据需要进行设置，完成后导出制作好的视频，如图 7.16-16，最终效果如图 7.16-1 所示。

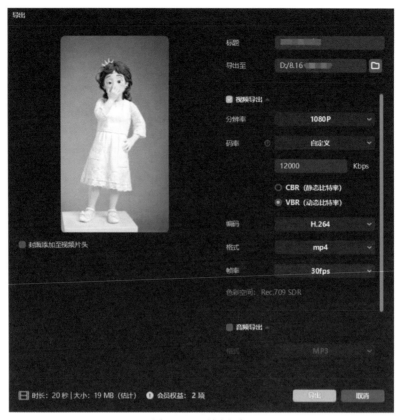

图 7.16-16 导出视频

7.17 制作城市风景视频

城市风景短视频带你领略都市的多彩风貌。从繁华的街道到静谧的公园，每一处风景都展示了城市独特的魅力与活力。

AI 技术通过智能图像处理，可以一键改变图像风格，带你体验不同观感的城市风景。

7.17.1 最终效果

在 Wink APP 中将照片转成水墨风格，再上传水墨风格图片，使用"AI 动图"功能，AI 会自动让照片中的事物"动"起来，生成有趣的 AI 风景视频，如图 7.17-1 所示。

图 7.17-1　视频效果

7.17.2 操作步骤

<u>步骤 01</u> 打开 Wink APP，界面如图 7.17-2 所示。选择"AI 绘画"功能，进入 AI 绘画模板页面，界面如图 7.17-3 所示。选择合适的模板，单击"立即生成"按钮。

图 7.17-2 Wink APP 界面　　　　　　　图 7.17-3 挑选模板

　　步骤 02 上传图片，等待生成，生成图片效果如图 7.17-4 所示，剩余图片重复步骤 01、步骤 02，生成并保存，效果如图 7.17-5 所示。

图 7.17-4 生成效果　　　　　　　图 7.17-5 其他生成效果

步骤 03 再次打开 Wink 软件，选择"AI 动图"功能，界面如图 7.17-6 所示，上传所有备好的图片素材，如图 7.17-7 所示，单击"立即生成"按钮，等待生成，生成视频效果如图 7.17-8 所示，单击"保存"按钮，保存到本地。

图 7.17-6　软件界面　　　　　图 7.17-7　上传图片　　　　　图 7.17-8　生成效果

步骤 04 打开剪映，选择合适的模板，如图 7.17-9 所示。单击"解锁草稿"按钮，进入编辑页面。

图 7.17-9　挑选模板

步骤 05 导入所有备好的视频素材并添加到轨道中，选择播放器板块，设置画布比例为 9：16，如图 7.17-10 所示。

图 7.17-10 导入素材

步骤 06 选中音频轨道，单击"⓪（添加音乐节拍标记）"图标，再选择"踩节拍 II"选项，如图 7.17-11 所示。

图 7.17-11 节拍标记

步骤 07 选中视频素材，切换到变速板块，对各个视频素材分别进行变速调整，以确保视频与音频节拍相协调，滤镜和各个轨道对齐，如图 7.17-12 所示。

图 7.17-12 变速视频

步骤 08 打开滤镜库，将原滤镜更换为"晴好"滤镜。添加自定义调节，对画面细节进行调整。滤镜和调节轨道与视频文件对齐，如图 7.17-13 所示。

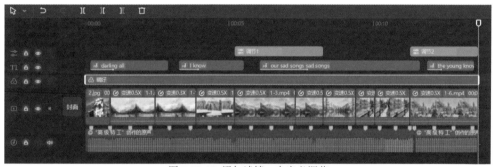

图 7.17-13 添加滤镜、自定义调节

步骤 09 在视频轨道的起始位置处单击"封面"按钮，在"封面选择"面板中，拖动时间轴，选取合适的封面图片，单击"去编辑"按钮。在封面设计板块中，添加合适的模板与文本，调整画面，单击"完成设置"按钮，效果如图 7.17-14 所示。

图 7.17-14 封面设置

步骤 10 单击剪映界面右上方的"导出"按钮，弹出导出页面，如图 7.17-15 所示，根据需要进行设置，完成后导出制作好的视频，最终效果如图 7.17-1 所示。

图 7.17-15 导出视频

7.18 制作治愈风景视频

在当今繁忙的社会中，治愈风景类短视频如同一股清流，给人们带来宁静与舒适。借助 AI 技术的智能图像处理，足不出户即可感受大自然的魅力，治愈疲惫的心灵。

▶ 7.18.1 最终效果

使用 Midjourney 生成风景图片，再将图片上传到 Runway 中转成视频，使用剪映后期剪辑，即可生成唯美治愈的 AI 风景视频，如图 7.18-1 所示。

图 7.18-1　视频效果

▶ 7.18.2 操作步骤

步骤 01 打开 Midjourney，输入提示词，生成 4 张图像，如图 7.18-2 所示。

Prompt: 8K,Beautiful blue sea, waves and sky in nice, French Riviera. The water is deep ocean with small white clouds on the horizon. View from above of calm azure sea, looking down to endless ocean. White foam in the middle, waves, with coast visible far away in background. Blue clear sky, sunny day. A visual representation of travel, vacation or adventure. --ar 9 : 16

提示词：8K，法国里维埃拉尼斯美丽的蓝色大海、海浪和天空。水是深海，地平线上飘着小白云。从上方俯瞰平静的蔚蓝大海，向下望去是无边无际的海洋。中间是白色的泡沫，海浪，背景中远处可见海岸。蔚蓝的天空，阳光明媚的日子。旅行、度假或冒险的视觉表现。-- 宽高比例 9 : 16

图 7.18-2 生成图片

步骤 02 选择最喜欢的一张保存，如图 7.18-3 所示。重复步骤 01 和步骤 02，生成其他图片素材，图片效果如图 7.18-4 所示。

图 7.18-3　生成图片

图 7.18-4　其他图片

步骤 03 打开 Runway 网站，界面如图 7.18-5 所示。选择 "Text/Image to Video" 功能，进入编辑页面。

图 7.18-5　Runway 界面

步骤 04 上传图片，如图 7.18-6 所示，单击 "Generate 4s" 按钮，等待生成，效果如图 7.18-7 所示。

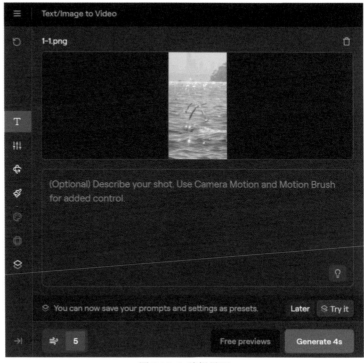

图 7.18-6 编辑界面

步骤 05 生成视频 如图 7.18-7 所示，重复 步骤 03 和步骤 04，生 成其他视频，效果如图 7.18-8 所示。

图 7.18-7 生成视频　　　　图 7.18-8 其他视频

步骤 06 打开剪映，进入模板页面，如图 7.18-9 所示。选择合适的模板，单击"解锁草稿"按钮，进入模板编辑页面。

图 7.18-9　挑选模板

步骤 07 导入所有备好的视频素材并添加到轨道中，选择播放器板块，设置画布比例为 9 : 16，如图 7.18-10 所示。

图 7.18-10 导入素材

步骤08 对各个视频素材进行变速，将视频画面与音乐节奏对应，使视频画面与音乐更加协调，效果如图 7.18-11 所示。

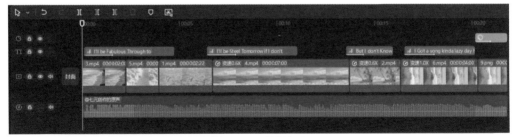

图 7.18-11 视频变速

步骤09 切换到转场板块，单击"模糊"效果，添加到视频素材分割处，如图 7.18-12 所示。使用同样的方法为剩余视频素材制作同样的效果，效果如图 7.18-13 所示。

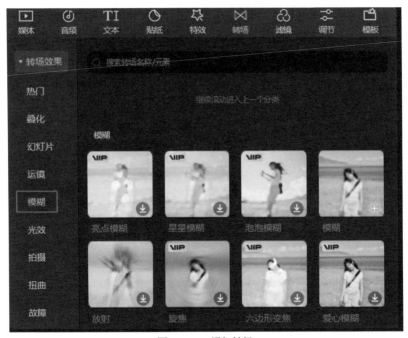

图 7.18-12 添加转场

图 7.18-13 转场效果

步骤 10 打开滤镜库，添加"漫夏"滤镜。添加自定义调节，对画面细节进行调整。滤镜和调节轨道与视频文件对齐，如图 7.18-14 所示。

图 7.18-14 添加滤镜、自定义调节

步骤 11 单击剪映界面右上方的"导出"按钮，弹出导出页面，如图 7.18-15 所示，根据需要进行设置，完成后导出制作好的视频，最终效果如图 7.18-1 所示。

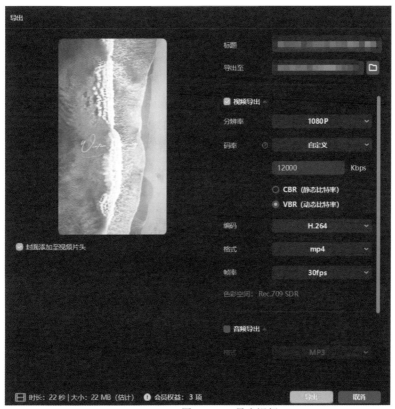

图 7.18-15 导出视频

7.19 制作萌宠短视频

可爱的动物们以其独特的方式展现着纯真与活力。每一个萌态的瞬间，都是治愈心灵的良药。

AI 技术通过智能图像处理，生成可爱的萌宠，结合其他动图 AI 工具的使用，即可生成不同视角、动态的宠物视频。

7.19.1 最终效果

使用 Midjourney 生成萌宠图片，再上传到剪映中进行后期剪辑，即可生成温馨治愈的 AI 萌宠视频，如图 7.19-1 所示。

图 7.19-1 视频效果

7.19.2 操作步骤

步骤 01 打开 Midjourney，输入提示词，生成 4 张图像，如图 7.19-2 所示。

Prompt: A cute orange and white cat is playing on the grass, reaching out with its front paws to touch something in midair. The background features an outdoor park scene, with green lawns and trees covered in yellow leaves. Sunlight shines through the sky, creating soft light spots that highlight details of fur texture. A high quality photo captures every detail of both the kitten's body and surroundings, in the style of a realistic painter. 8K, −−v 6.0 −−ar 620：877

　　提示词：一只可爱的橙白相间的小猫在草地上玩耍，伸出前爪去触摸半空中的某物。背景是户外公园的场景，有绿色的草坪和覆满黄叶的树木。阳光穿过天空，形成柔和的光斑，突出了毛皮纹理的细节。这张高质量的照片捕捉到了小猫身体和周围环境的每一个细节，风格像一位写实画家。8K，−−v 6.0 −− 宽高比例 620：877

图 7.19-2　生成图片

步骤 02 选择最喜欢的一张保存，如图 7.19-3 所示。重复步骤 01 和步骤 02，生成其他图片素材，图片效果如图 7.19-4 所示。

图 7.19-3 选择图片

图 7.19-4 其他图片

步骤 03 打开剪映，进入模板页面，如图 7.19-5 所示。选择合适的模板，单击"使用模板"按钮，进入模板编辑页面。

图 7.19-5 挑选模板

步骤 04　导入所有备好的视频素材并添加到轨道中，选择播放器板块，设置画布比例为9：16，如图 7.19-6 所示。

图 7.19-6　导入素材

步骤 05　打开滤镜库，添加"黑金"滤镜。添加自定义调节，对画面细节进行调整。滤镜和调节轨道与视频文件对齐，如图 7.19-7 所示。

图 7.19-7　添加滤镜、自定义调节

步骤 06 单击剪映界面右上方的"导出"按钮，弹出导出页面，如图 7.19-8 所示，根据需要进行设置，完成后导出制作好的视频，最终效果如图 7.19-1 所示。

图 7.19-8 导出视频

7.20 制作甜品短视频

通过观看不同的甜品制作过程和成品展示，人们的心情往往会不自觉地变得愉快和轻松。这种愉悦感能够缓解压力，帮助人们从繁忙的生活中暂时抽离出来，享受片刻的宁静和美好。

AI 能够通过智能图像处理和数据分析，快速生成精美的甜品视觉效果，提升短视频的吸引力和观赏性。

▶ 7.20.1 最终效果

使用 Midjourney 生成甜品图片，再上传到剪映中进行后期剪辑，即可生成温馨治愈的 AI 甜品视频，如图 7.20-1 所示。

图 7.20-1　视频效果

▶ 7.20.2 操作步骤

步骤 01 打开 Midjourney，输入提示词，生成 4 张图像，如图 7.20-2 所示。

Prompt：8K,A bowl of purple sweet potato and white rice cake soup, with three moon cakes on the side, The light violet color is very light, mixed together to create a soft purple color. There were two pieces of white mochi next to it, which looked like round ice cubes made from snowdrop flowers. They had an extremely delicate texture, as if they could be slightly frosted in appearance. It was a simple yet beautiful shape, resembling clouds or ice, White background, Closeup shot, --ar 9：16

提示词：8K，一碗紫薯白米糕汤，旁边放着三块月饼，淡淡的紫罗兰色，混合在一起，呈现出柔和的紫色。旁边有两块白色麻薯，看起来像是用雪花莲做成的圆形冰块。质地极其细腻，看起来好像有点磨砂。形状简单却美丽，像云朵或冰，白色背景，特写，-- 宽高比例 9：16

图 7.20-2 生成图片

步骤 02 选择最喜欢的一张保存，如图 7.20-3 所示。重复步骤 01 和步骤 02，生成其他图片素材，图片效果如图 7.20-4 所示。

图 7.20-3 选择图片　　　　　　　　　　　　　图 7.20-4 其他图片

步骤 03 打开剪映，进入模板页面，如图 7.20-5 所示。选择合适的模板，单击"解锁草稿"按钮，进入模板编辑页面。

图 7.20-5 挑选模板

步骤 04 导入所有备好的视频素材并添加到轨道中，选择播放器板块，设置画布比例为 9：16，如图 7.20-6 所示。

图 7.20-6 导入素材

步骤 05 对视频进行变速，将视频画面与音乐节奏对应，使视频画面与音乐更加协调，效果如图 7.20-7 所示。

图 7.20-7 视频变速

步骤 06 切换到特效板块，单击"星星闪烁"效果，拖拽到视频素材中，如图 7.20-8 所示。使用同样的方法为剩余视频素材制作同样的效果，效果如图 7.20-9 所示。

图 7.20-8　特效

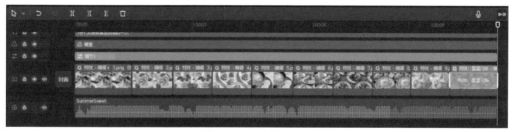

图 7.20-9　添加特效效果

步骤 07 打开滤镜库，添加"暖食"滤镜。添加自定义调节，对画面细节进行调整。滤镜和调节轨道与视频文件对齐，如图 7.20-10 所示。

图 7.20-10　添加滤镜、自定义调节

步骤 08 单击剪映界面右上方的"导出"按钮，弹出导出页面，如图 7.20-11 所示，根据需要进行设置，完成后导出制作好的视频，最终效果如图 7.20-1 所示。

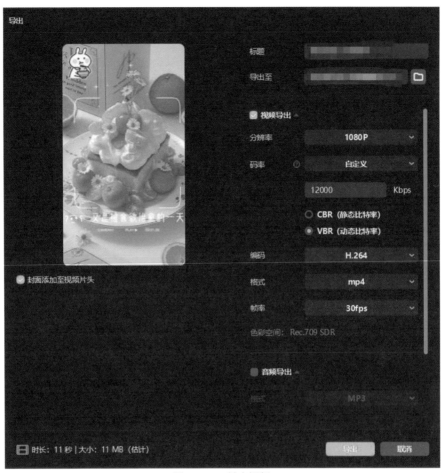

图 7.20-11 导出视频